U0529633

文明的穿越

世界四大博物馆巡礼

赵声良——著

中国青年出版社

目录

前 言
/ 001

卢浮宫博物馆

一、漫步巴黎
/ 006

二、卢浮宫与博物馆
/ 010

三、古代两河流域与古埃及文明
/ 014

四、古希腊古罗马艺术
/ 022

五、文艺复兴时期的艺术
/ 028

六、巴洛克和罗可可风格绘画
/ 036

七、从浪漫主义到新古典主义
/ 042

英国博物馆

一、伦敦印象
/ 054

二、英国博物馆的建立
/ 056

三、西亚的文明
/ 060

四、古埃及文明
/ 064

五、古希腊古罗马文明
/ 071

六、古印度文明
/ 078

七、中国艺术珍品
/ 085

八、敦煌瑰宝
/ 092

冬宫博物馆

一、初到圣彼得堡
  / 102
二、冬宫的来历
  / 104
三、提香的杰作
  / 112
四、伦勃朗的光影
  / 117
五、印象派与现代艺术
  / 122
六、诗一般的雕塑
  / 132
七、中国的珍贵文物
  / 137

大都会艺术博物馆

一、繁华之都的博物馆
  / 146
二、中国的艺术
  / 150
三、印度及东南亚艺术
  / 160
四、古埃及和近东文明
  / 166
五、古希腊古罗马艺术
  / 172
六、欧洲古典绘画
  / 176
七、19世纪的欧洲绘画
  / 182

主要参考文献
  / 199
图片索引
  / 201

前言

当下，旅行已成为很多人的爱好与时尚。当我们到美好的大自然中观赏风景，到著名的人文景观中了解人类文明的奇迹，我们不仅获得了知识，更增长了对世界、对自身的认识。

博物馆，就是人文旅游的重要项目之一，一座大型博物馆，往往可以展示数万件文物。这些文物，从历史文化的角度看，每一件都在讲述一个时代一个区域的历史故事。从艺术的角度看，又反映出不同时代不同民族的艺术结晶。因此，博物馆就是我们了解人类文明的资料库。徜徉在那些大型博物馆中，你会感受到对人类文化的一种穿越：上下数千年，纵横几万里。从古埃及充满神秘色彩的棺椁到古印度的宗教雕刻以及中国的青铜器，从古巴比伦的巨型浮雕到欧洲文艺复兴的绘画以及现代派艺术……观摩博物馆的展品常常令人感慨胜读数万卷书。

在世界为数众多的博物馆中，法国的卢浮宫博物馆、英国的英国博物馆、俄罗斯的冬宫博物馆和美国的大都会艺术博物馆并称世界四大博物馆。这四大博物馆能够成为世界上最大的博物馆，一是因为其藏品数量众多，另外还在于藏品不单纯是某一个国家、某一个民族的内容，而是包揽了世界各主要文明体系的代表作品。仅仅在这四大博物馆中几乎就可以理出一个人类文明发展的线索来，而其中各地区各时期的艺术杰作数量庞大，是研究历史文化及艺术等人文学科取之不尽用之不竭的宝藏。

笔者2003年到巴黎旅行，卢浮宫是首选之处。进入卢浮宫博物馆，仿佛徜徉于艺术的海洋，以前美术史课程中所学的内容得到了印证。后来又因一些学术交流活动，陆续去了英、俄、美等国，分别参观了英国博物馆、冬宫博物馆、大都会艺术博物馆以及很多大大小小的美术馆、博物馆。每到一地，都会走进当地的博物馆，了解那些标志着人类文明进程的文物。每次参观博物馆都给我带来艺术的享受和知识的飞跃。因而也常常抽空写一些参观海外博物馆的见闻和感想，把自己对艺术的认识记录下来，有的也发表在报刊上，希望给读者提供一些信息。由于不少热心读者和朋友的支持，促使我决定写成更详细的书，希望能给有机会去这些博物馆参观的人提供一个简要的参考。但这本书并不是一本导游手册，而是艺术鉴赏的读本，是想有选择地对四大博物馆中那些代表人类文明标志的杰作、那些世界一流大师的艺术精品作一些简明扼要的解说。给历史或艺术工作者、爱好者提供一些有价值的资料和参考。四大博物馆的内容浩如烟海，这本小书是远远讲不完的，这本书所用之作品，尽量选择各时期各地文明的代表作，但所谓"代表作"，也仅仅是相对而言，你很难说别的作品就不是代表作。只不过是因为无法全部介绍，暂且这样说罢了。希望本书可以起到抛砖引玉的作用，启发读者们去发现更多更美好的作品。

在世界各地的博物馆中，那些精美的中国艺术品也常常感动着我，令我深思。把中国艺术放在世界性的博物馆中，与各地文明展示在一起，会使我们对祖国文化有一种更新的认识。我想，作为中国人，应该了解那些流落在海外的中国艺术珍品，知道我们中国历代那些伟大的艺术创造，曾经对世界的文明进程做出过那样巨大的贡献。与此同时，从世界四大博物馆中，读者也一定能够看出，中国文明是世界几大文明之一，却不是唯一的。古埃及、古代美索不达米亚、古印度、古代希腊罗马以及非洲和美洲等地的民族，都曾对人类文明进程做出过巨大贡献。博物馆就像一面镜子，让我们看到别人也看到自己。既不要妄自尊大，也不要崇洋媚外。

由于千百年不同的自然与社会环境、不同的发展道路造成了东西方文化的差异，使世界人类的文明呈现出五彩缤纷的状态。这种差异也形成了东西方不同的文明体系。但是，这些文明体系之间，并不是完全对立和分隔的，自古以来，各地的文化体系都在与周边的文化进行着交流和影响，而人类的文明也常常在相互交流与碰撞中得到快速的发展。古代两河流域的文明向周边影响到非洲、欧洲和亚洲，古埃及文明成为了古希腊古罗马文明的重要源泉，而在罗马帝国强盛之时，古希腊古罗马文明又由中亚向南影响到印度。印度文明繁荣之时，以佛教为代表，经中亚而全面影响到中国及日本、朝鲜。而中国由于丝绸之路的开通，汉唐时代不仅接受着来自西方文化的影响，也把中国的造纸技术、陶瓷、丝绸等代表中国文明的成果源源不断地带到了西方。与此同时，中国以老子、孔子等思想家为代表的宇宙观，以及中国艺术也影响了世界。从世界四大博物馆中，我们可以看到世界各地的文明，以及不同地区文明之间的相互影响。通过了解世界，反过来了解中国。不了解外国艺术的发展，很难完整地把握中国艺术。

本书讲述四大博物馆，重在艺术品的点评、赏介。笔者在参观卢浮宫博物馆、英国博物馆和冬宫博物馆时，都分别写过关于巴黎、伦敦和圣彼得堡的游记。为了使读者对博物馆所在的城市氛围有所体会，便摘选部分文字，以配合各博物馆的叙述。需要说明的是，本书主要是按自己参观及写作的时间顺序排列，这并不等于对这四家博物馆的大小或哪个方面来排个等次。四大博物馆藏品都极其丰富，在收藏、保管、研究等方面也各有特色，不可能进行简单化的排名。

笔者在2003年初次到巴黎参观卢浮宫博物馆时，友人杜秀珍一家在我的工作、生活等方面曾给予诸多关照。2012年再次赴巴黎考察时，远东学院郭丽英教授在考察与研究工作诸方面给予了极大的帮助。2007年到伦敦参观英国博物馆，专门调查敦煌艺术品时，博物馆亚洲部主任司美茵女士（Jan Stuart）给予了热情支持。2009年在圣彼得堡，由于俄国科学院东方文献研究所波波娃教授（Irina Popova）的帮助，我们得以详细考察冬宫博物馆收藏的敦煌及新疆等地艺术品。2010年在普林斯顿大学从事研究工作期间考察了纽约大都会艺术博物馆，得到普林斯顿大学的经崇仪女士（Dora C. Y. Ching）和大都会艺术博物馆亚洲艺术部主任何慕文先生（Maxwell K.Hearn）的大力协助和支持，使我得以从容地调查一些中国名画藏品。在此，谨向以上给予我多方帮助的诸位先生和朋友们表示衷心的感谢！

赵声良
2013年1月

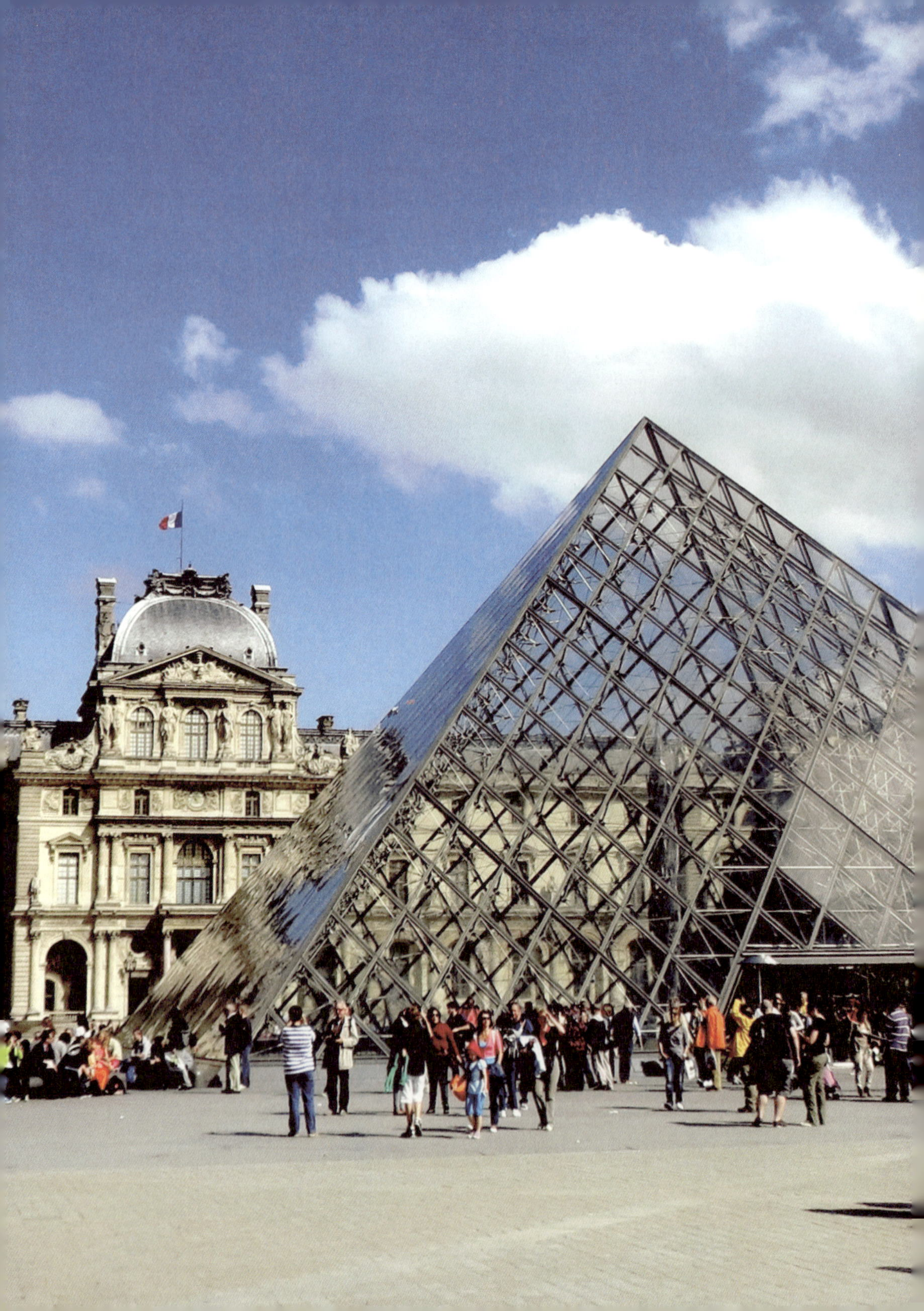

卢浮宫博物馆

一、漫步巴黎

初次去巴黎时,还在东京留学。那时,想到欧洲,最想去的就是巴黎,因为巴黎有卢浮宫——世界艺术之宫。

在巴黎,由于不会法语,一个人在街上散步总是有些惴惴不安。但很快我就十分喜欢在巴黎逛街了。漫步在巴黎的街市,有时仿佛回到了中国。这里绝没有东京那样紧紧张张的气氛。上班族虽然也早早地乘地铁或巴士去公司,但在东京常见的那种行色匆匆甚至小跑着赶到公司的情况在巴黎是极少的。多数人的脸上带着微笑。清晨从住宅区出来,不论认识不认识的人们都相互打招呼。虽说语言不通,在哪里你都会看到热情的笑脸。

位于凯旋门与卢浮宫之间的协和广场(Place de la Concorde),面积达8.4万平方米,视野开阔。在这里不仅可以看见卢浮宫和凯旋门,还可以远眺埃菲尔铁塔及巴黎圣母院。广场的中央耸立着一座高达23米的方尖塔。这座来自埃及的方尖塔有4000多年的历史,原供奉于卢克索神庙前,埃及总督作为礼物送给法国。历时三年,经尼罗河、地中海、大西洋、塞纳河运到巴黎,又用了三年的时间,于1836年才将方尖塔矗立在协和广场的正中。在阳光的照耀下,金色的塔尖熠熠发光,奇妙的象形文字也使人产生神秘的幻想。方尖塔的两旁各有一个大喷水池。从方尖塔和喷水池之间可以看到远处蓝天下面的埃菲尔铁塔。

1-1 巴黎协和广场的方尖塔

1-2 巴黎圣母院夜景

八角形的广场，每个角上有一座女神雕像，据说象征着法国的八大都市。

这个广场过去曾有路易十五铜像，因而曾被称为"路易十五广场"，法国大革命后的1792年撤除了路易十五的雕像，并改名为"革命广场"，次年在广场边设立了断头台，两年间在此处死了路易十六及封建旧贵族1343人。1795年后改名为协和广场。如今，历史的风波早已烟消云散，喷水池和方尖塔成为了人们观光和散步的好地方。

灿烂的阳光下，沿塞纳河散步是十分惬意的。沿塞纳河看桥，也令人兴味盎然。从巴黎圣母院所在的希提岛向塞纳河上游追溯到埃菲尔铁塔附近，所经各式各样的桥不下10座，时代不同，风格各异，其中最使人难忘的是装饰华丽的亚历山大三世桥。那是为了迎接1900年的巴黎万国博览会，俄罗斯的尼古拉二世出资所建。所以，这座桥也有浓郁的俄罗斯风格。华丽的拱桥像一道彩虹横跨在塞纳河上，桥拱的中央分别装饰有持花环的人物铜像，栏杆与桥拱的边缘均雕饰着美丽的花纹。在桥两头耸立着四个高达20米的桥头柱，柱子上面有鎏金的飞马，在蓝天的映衬下发出耀眼

1-3 塞纳河

1-4 亚历山大三世桥的桥头雕塑

的光芒。柱子下面各有一座神情庄严的持剑女神像，柱子旁边又分别有一躯雄狮的石雕。连桥上的灯柱都雕饰着小天使的形象，走在这样的桥上，有一种不真实的感觉，好像这不是桥，分明是一座艺术长廊。

过了亚历山大三世桥，南面是军事博物馆，由此转向西，便可见到埃菲尔铁塔了。埃菲尔铁塔前面是一片长达1000米的绿草坪，人们漫步在树荫下，或躺或坐在草坪上，充分享受阳光的温暖。埃菲尔铁塔建于1889年，由著名的建筑家亚历山大·古斯塔夫·埃菲尔设计建成，这高达320米的铁塔耗费了7000吨铁。而这一独特的造型在当时曾引起轩然大波，很多人认为这一形象与作为古都的巴黎不协调。经过一百多年的风风雨雨，埃菲尔铁塔不仅依然屹立在塞纳河边，而且成为了巴黎景观的一种象征，每年吸引着大批的游客前来参观。

蒙马特高地也是法国历史上有名的地方，曾在多少次战争中成为军事重地。在高地上有一座著名的教堂，叫作萨克雷教堂。这座教堂全部为纯白色的建筑，三座

1-5 埃菲尔铁塔

1-6 萨克雷教堂

像头盔一样的白色屋顶特别引人注目，远远望去，充满了典雅圣洁的风格。这座教堂建于1870年普法战争失败后。在这里，人们心灵的创伤得到抚平。至今，每天仍有大量的朝圣者前来礼拜。

在蒙马特高地附近，当年毕加索、莫里斯·郁特里罗等画家曾在这一带活动，特别是郁特里罗曾在蒙马特附近画过不少街景。漫步在这些街道上，仿佛进入了画家当年生活的风景中。也许是因为这样，在萨克雷教堂旁边，便有一个小小的广场，称作画家广场。每天有不少画家在这里为过往的人们画肖像，有素描的，有色彩画的，也有专门卖风景画或别的绘画作品的。即使你不买画，在这里也可以体会到一种特别的艺术气氛。巴黎的咖啡馆大多有一半在露天，要一杯咖啡在路边的椅子上坐着，像巴黎人一样享受着灿烂的阳光与悠闲。

二、卢浮宫与博物馆

1-7 卢浮宫外景之一

卢浮宫博物馆不论从哪方面说都可称得上是世界上最大最好的博物馆。长期以来，卢浮宫作为艺术之宫，成为艺术家们向往的地方。翻开一部西方美术史，历史上闻名的那些美术名作，相当多的都可以在这里看到。

卢浮宫（Louvre），也译作罗浮宫，位于巴黎市的中央，正面对着笔直的香榭丽舍大街和凯旋门，后面有巴黎圣母院，北侧有蓬皮杜艺术中心，南面紧邻塞纳河，与奥赛博物馆隔河相望，成为巴黎观光的中心所在。

卢浮宫的历史，最早可以追溯到1200年前后的中世纪。那时是为了防卫"卢浮"（Louvre）这个地方，建立了一座城堡。今天在博物馆的地下层还保留着城堡的一角。

1-8 卢浮宫外景之二

1-9 卢浮宫外的小凯旋门

1400年前后，此地已失去了防卫的作用，而扩建为皇家府邸，后又作为皇家图书馆，除了图书以外，还收集有不少艺术品。到了路易十四时代（1643—1715），加强了对艺术品的收集，大量购入包括文艺复兴时期达·芬奇等画家的作品在内的各种艺术品。法国大革命以后，于1793年成立"艺术中央博物馆"，将皇家的收藏品公诸于世，形成了近代意义上的博物馆。以后随着拿破仑的征战以及19世纪以来法国在世界各地的殖民扩张，使卢浮宫的收藏突飞猛进，除了欧洲的艺术品以外，埃及和西亚的收藏品成为一个突出的方面，在卢浮宫形成了"埃及学"与"亚述学"，这在欧洲也是时代很早的。19世纪以后，包括印度、中国、日本文物在内的亚洲收藏品也大大增加了。其后法国政府对国家博物馆进行调整，把以亚洲文物为主的东方艺术品归入吉美博物馆，把19世纪后半叶至20世纪初，以印象派艺术为中心的近代艺术品归入奥塞美术馆，把20世纪以后的现代美术品归入国立现代美术馆（蓬皮杜艺术中心）。这样，卢浮宫博物馆除欧洲古代艺术品以外，还包括古代西亚和古代非洲、美洲的文物。

卢浮宫博物馆经历代不断的扩建，现在的建筑包括后部的方形建筑叙利馆（Sully）,左侧的德农馆（Denon）和右侧的黎塞留馆（Richelieu）。整体上呈U形。1988年，由华裔建筑家贝聿铭设计了改建项目，在外观基本不变的情况下，进行了内部的现代化改造，只是在广场的中央出现了一个大玻璃金字塔。参观者由金字塔进入地下，诸如售票、导游等服务设施都在地下，使卢浮宫的地面景观保持着数百年前典雅、庄严的宫殿外貌。

卢浮宫本来是一座宫殿，它的每一个展厅，以前都曾经是宫殿的一部分，雕梁画栋，装饰精美，进入博物馆，令人想象数百年前法国皇室的气派，其中尤以叙利馆二层的阿波罗画廊装饰为最，屋顶和墙壁上布满壁画与浮雕，周围又均以鎏金装饰，显得金碧辉煌，这里还展示着包括路易十五的加冕皇冠在内的奇珍异宝。位于黎塞留馆二层的拿破仑三世的套房也完整地保存下来，包括会客厅、会议室、卧室、餐厅等。从墙壁的绘画装饰、吊灯、地毯到桌椅及当时所用的金银器，极尽豪奢。此外，各馆的大小画廊也随处可见精致的装饰，即使在没有陈列艺术品的走廊，也都可以感受到艺术的气氛。

1-10　作者在卢浮宫前（2003年）

1-11　卢浮宫阿波罗画廊

1-12　拿破仑三世套房

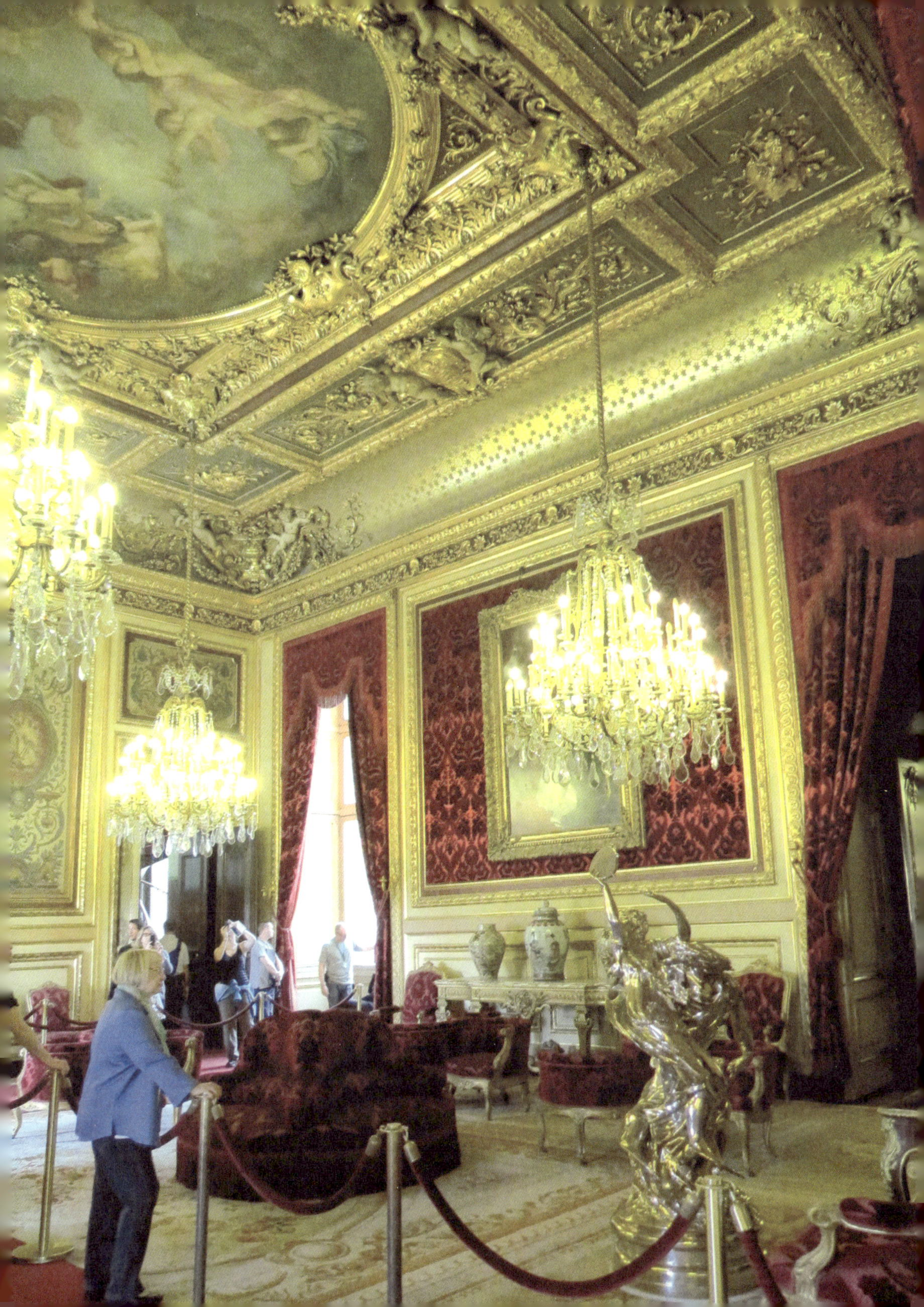

三、古代两河流域与古埃及文明

在西亚底格里斯河和幼发拉底河这两条河流之间（史称两河流域），形成了美丽而富饶的美索不达米亚平原，在这块平原上，从最早的苏美尔人到古巴比伦王国、亚述王国，以及后来形成的波斯帝国，古老的文明曾对世界文明进程产生过广泛的影响。在两河流域文明发展之时，非洲的尼罗河下游也形成了古埃及王国。在古代王权的体制下常常会产生气势雄伟的艺术杰作，在高达五六米的巨型雕刻前，你不能不受到心灵的震撼。

通常我们认为原始时代的艺术都是粗糙的或者是简陋的，但在两河流域的文明中，我们发现远在公元前2500多年，就已创造出精致细腻的雕刻作品。《艾比伊尔像》（约公元前2500年）是在幼发拉底河流域的马里发现的古代神庙中出土的，是苏美尔时代奉献于神庙的小像，代表奉献者向神表示敬意，雕像人物穿着羊皮裙坐在藤椅上，他双手合拢表示虔敬。从雕像的背上保存着"总督艾比伊尔献给伊斯塔尔女神"的字样，可知这个人物为当时马里城的总督。而在另一地方出土的一件女神像，同样使我们感受到古巴比伦人的艺术创造性。这件《伊斯塔尔女神》雕像仅25厘米高，以大理石雕成，头上有新月装饰，两耳坠着金制的耳珰，她的双眼及肚脐则用红宝石镶嵌。其造型丰满，颇有古希腊维纳斯造型的风韵。

公元前18世纪的汉谟拉比法典，是人类文明史上保存至今的第一部法典。法典刻在一块大体呈圆柱状的黑石上，碑的上部雕刻着坐在椅

1-13 艾比伊尔像 约前2500年

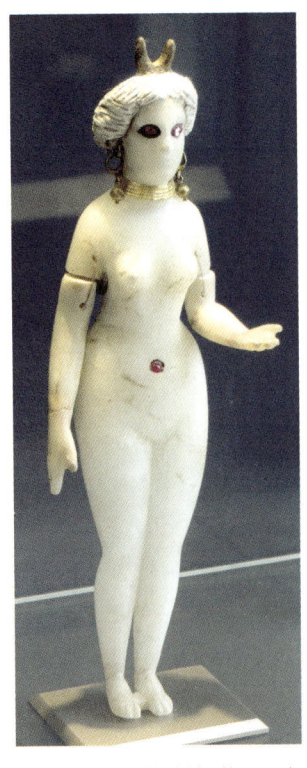

1-14 伊斯塔尔女神 前2500年　　1-15 汉谟拉比法典碑 前18世纪　　　　　　　1-16 那南·辛王石碑 约前2270年

子上的太阳神和站在左方的巴比伦王，意为巴比伦的法典源于太阳神的意志。碑的下部是用楔形文字记录的法典内容。这些几近模糊的文字记录着数千年的历史沧桑。不过汉谟拉比法典碑并不是两河流域最早的碑，早在阿卡德王的时代，国王那南·辛建立的一块石碑（约公元前2270年），记载了他征战札格罗什山区的胜利。石碑上的浮雕表现出那南·辛王走向最高处的一座山峰，他前面的山峰上刻有楔形文字，下面有不少战士跟随他战斗。碑刻已经模糊，但是人物的动态仍很清晰，从中反映出几千年前美索不达米亚文明的某些信息。

公元前8世纪左右，两河流域的城市文明发展到多高的程度，从装饰在库尔沙巴德宫殿门口的人面带翼的公牛雕刻就可以看出，高大庄严而富有高贵气质的人面，而身体则是强壮的牛身，还有一双刻画细腻的翅膀，他们是古人想象的天神？还是

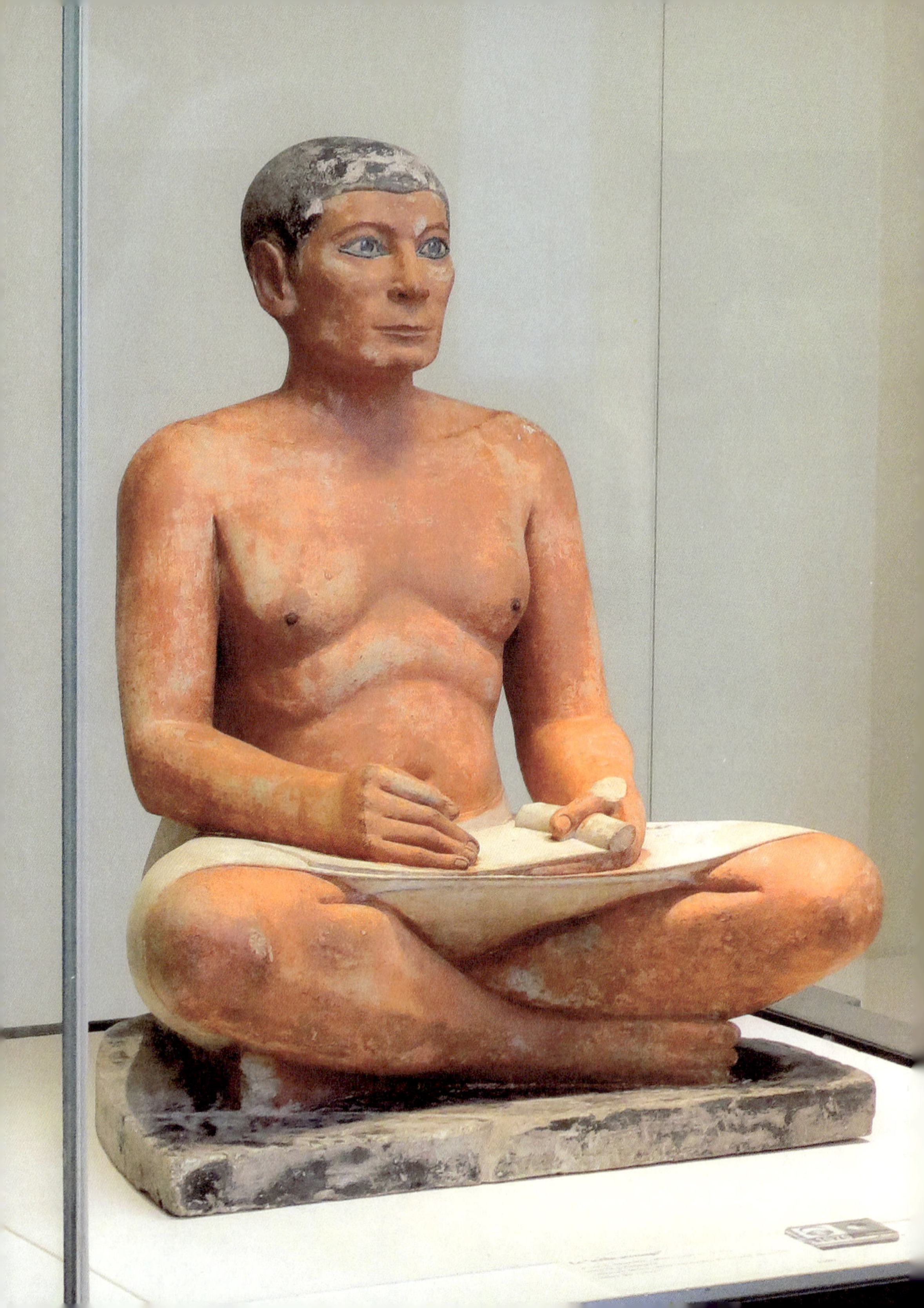

1-18 带翅人面牛身像 前721年-前750年

1-19 有翼的人像浮雕 约前8世纪

1-20 古巴比伦宫殿镶嵌壁画 约前6世纪

1-17 古埃及雕刻 书记官 前2500年

人们的一种希望？最有意思的是公牛腿部的表现，从正面你可以看到两条前腿在前面站立着，而从侧面，你可以看到人面公牛行进的四条腿，前腿和后腿都是一前一后地行进的，这样公牛就有五条腿，不，应该是六条腿，因为在另一个侧面也有同样的表现。也许是由于雕刻太庞大，艺术家想把每一个面都解析给观众，或许这也是古代亚述人的一种审美意识吧。从大量的建筑装饰，还有彩釉砖镶嵌的狮子等图案上，你可以感受到当时的宫殿是多么的宏伟壮观。还有那些巨大的石雕，大多是安置在宫殿墙壁上的。歌颂神，表现战争与狩猎场面是这些雕刻的主题：国王的战车，孔武有力的动作，强健的肌肉，不顾一切追来的狮子和中箭挣扎的狮子都是那样逼真地展现在你的眼前。

金字塔、木乃伊、狮身人面像……几乎成了古代埃及文明的象征。而大量从

1-21 拉赫尔卡与梅尔桑柯
约前2500年

1-22 孟菲斯夫妇像
约前2350年-前2200年

1-23 斯芬克斯 前21世纪-前19世纪

金字塔内出土的雕塑和绘画,更丰富地展现着古埃及文化艺术的宏大与深厚。第五王朝时代(公元前2500年)的《书记官》坐像,上身裸露而着短裙,盘腿而坐,左手持记录版,右手是握笔的姿势。他睁着大眼,似乎正在专注地听别人的讲话。雕刻家完美而写实地表现出这个书记官自然的体态与表情,令人惊叹。

同一时期的另一件雕塑《拉赫尔卡与梅尔桑柯》(约公元前2500年),表现的是夫妇二人的立像,拉赫尔卡是当时书记长的身份,他的上身半裸,穿一条短裙,妻子梅尔桑柯偎依在他身旁,一只手扶着他的左臂,携手而行,在数千年后的今天,这种永恒的亲情仍然令人感动。类似表现夫妇二人的形象还有很多,如《孟菲斯夫妇像》身体和双腿都有明显的风化残损,经过了数千年的风风雨雨,更显得富有沧桑感。你可以看出古埃及是一个极重视家庭的社会,我们也为这种永恒的人类情怀而感动。

1-24 献祭品的女人
约前2400年

斯芬克斯,就是狮身人面神像,这是古埃及王国的保护神,斯芬克斯像的头部往往表现为当时的国王头像。因此,这些斯芬克斯也就有了人格化的特点。木乃伊

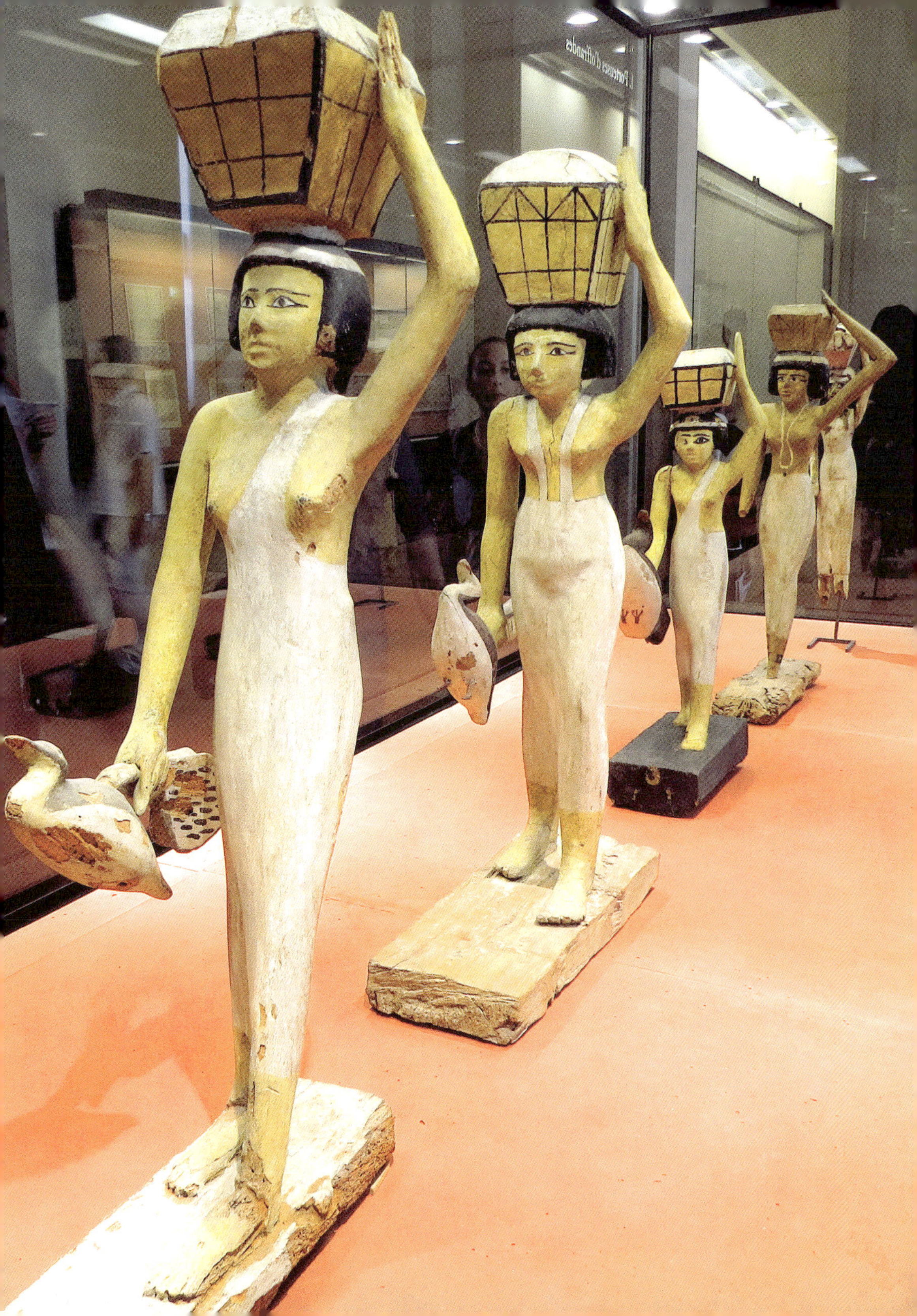

1-25 古埃及的棺椁　　1-26 划船的人们 约前1900年

当然是埃及文物的一个代表,国王和贵族们的木乃伊一定有数重棺椁,这些棺木都雕成人形,并加以精心的彩绘,华丽的装饰性彩绘并间以象形文字,表现着古埃及人的思想和审美。

虽然在那个奴隶制的时代,艺术的中心在于表现国王和贵族们的生活,国王当然是被表现得较多的,但从埃及出土的文物中仍然可以看到表现劳动者生产和生活的小型雕塑和绘画。如出自埃及第五王朝(约公元前2400年)的木雕《献祭品的女人》,她们头顶着巨大的箩筐,左手扶着头上的筐,右手提着献祭的鸟向前行走。也许是因为她们地位较低,艺术家对她们的雕造略显粗糙,但这简略的手法,却不能掩饰她们优雅、毫无造作的姿态,使人们感受到劳动者的本色。此外,还有不少表现人们在船上劳作的雕刻和绘画作品,众人齐心协力划桨或捕鱼,表现得是那样的生动而真实,拉近了数千年的时代距离。

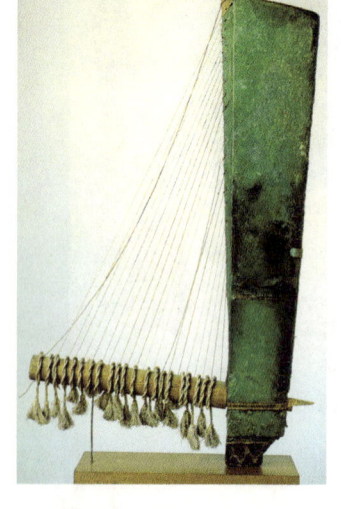

1-27 古埃及三角形竖琴 前7世纪

音乐也是人类文明的重要内容。公元前7世纪的三角形竖琴实物,使我们仿佛听到那遥远的声响。这种竖琴被古埃及人称为"哈卜",是当时十分流行的乐器,从不少雕刻和壁画中都可以看到这一形象。如在一件古埃及的墓碑上,我们可以看到弹奏竖琴的形象,画面左侧坐着的是太阳神,而右侧的人向着神弹奏哈卜,这种乐器曾对东方和西方的音乐产生过深远的影响,欧洲直接继承了这一乐器,经过长期发展,改造成了造型优美的竖琴,成为今天西洋乐中不可或缺的一项。而当它向东沿着西亚到达中亚,最后传入中国时,中国人把它改造成了箜篌,就逐渐成为了中国传统民乐的一种。从南北朝到隋唐的敦煌壁画中都可以看到箜篌的形象,如莫高窟第285窟(公元538年-公元539年)壁画中弹箜篌的飞天,所持的箜篌与古埃及的哈卜就极为相似。

公元前3000年以前规模宏大而又装饰精美的建筑与雕刻,除了古埃及和美索不达米亚以外,恐怕很难再看到别的。巨大的狮身人面像,静谧而肃穆的法老形象,单纯的发式,硕大的眼睛,一切都使人陷入冥想。还有那引发无限想象的木乃伊,那记录着他们的灵魂的象形文字,华美无比的装饰品……

从美索不达米亚的雕刻,可以看到包括新疆在内的中亚某些艺术形式可能来源于这里。而古埃及和美索不达米亚文明直接影响了以古希腊罗马为代表的欧洲古文明。教科书上那些历史演变进程,可以在卢浮宫博物馆里看到真实可感的形象。以古埃及和美索不达米亚雕刻为代表的那些大型雕刻,由于对人的神格化而形成的崇高而庄严之美,在很长的时期内影响了人类艺术的发展。

1-28 古埃及墓碑上的绘画 前21世纪-前19世纪

1-29 敦煌壁画弹箜篌的飞天 538年-539年

四、古希腊古罗马艺术

德农馆二楼转角处，著名的萨莫色雷斯胜利女神像（The Winged Victory of Samothrace）展开她的双翼，屹立在高台上，从这里便进入了古希腊艺术的展厅。这尊胜利女神像出土于爱琴海的萨莫色雷斯岛，为公元前190年的作品。她双翼张开，两腿一前一后，紧贴身体的衣服，表现出海风中迎风行进的身姿。由于头部和双臂已失，有的人可能会觉得很怪，其实在另外的展厅，还可以看到不少表现胜利女神的雕塑作品，从中可以看到完整的女神形象，小型雕塑往往能表现胜利女神姿态婀娜，从表现雄强的气度方面来看，能与前面那一身无头而又断臂的胜利女神媲美的雕像恐怕难以找到。

另一件以断臂而著名的雕像，就是众所周知的维纳斯像，这件高204厘米的大理石雕像出土于米洛岛，因而又称为米洛的维纳斯像。维纳斯的双臂已失，上身半裸，下着长裙，平和的表情与微微弯曲的身姿，表现出优雅而矜持的女性之美。

古希腊的雕刻总是那样爽朗而令人愉快。丹纳在《艺术哲学》中对希腊文化有诗一般的描述：

> 希腊是一个美丽的乡土，使居民心情愉快，以人生为节日。……最严肃的思想与制度，在希腊人手中也变成愉快的东西；他的神明是"快乐而长生的神明"。他们住在奥林波斯山顶上，"狂风不到，雨水不淋，霜雪不降，云雾不至，只有一片光明在那里轻快地流动。"他们在辉煌的宫殿中，坐在黄金的宝座上，喝着琼浆玉液，吃着龙肝凤

1-30 胜利女神小型雕像
约前2世纪

1-31 胜利女神雕像之一
约前190年

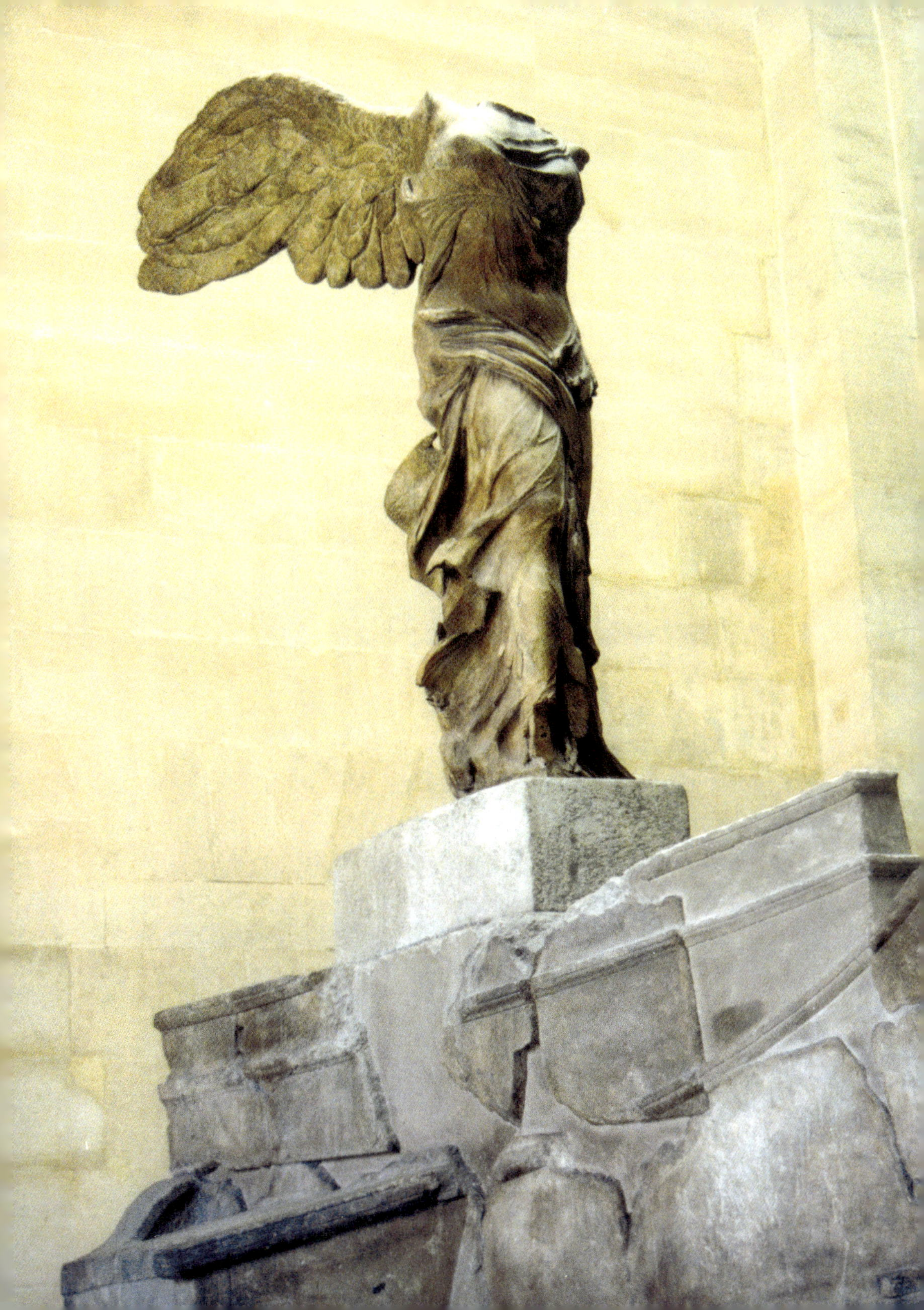

1-32 胜利女神雕像之二　　　　1-33 米洛的维纳斯像　前2世纪末　　　1-34 米洛的维纳斯像（局部）

脯，听一群缪斯女神用优美的声音歌唱。希腊人心目中的天国，便是阳光普照之下永远不散的筵席；最美的生活就是和神的生活最接近的生活。

于是丹纳把希腊人的艺术总结出三个特征：

首先是感觉的精细，善于捕捉微妙的关系，分辨细微的差别。其次是力求明白，懂得节制，讨厌渺茫和抽象，喜欢明确而固定的轮廓。最后是对现世生活的爱好与重视，对于人的力量的深刻体会，力求恬静和愉快。

不论是米洛出土的有着高雅气质的维纳斯像，还是那自然生动、面带微笑的骑士形象、右手指着天空而左手自然下垂的雅典娜女神、天真无邪的三美神以及巴特农神殿的浮雕"雅典娜的女儿们"，那柔和而富有弹性的肌肤，那明晰的衣褶轮廓，那充满人间气息的真实，都会令你感到艺术的至美不过如此。

对于中国人来说，古希腊雕刻极强的写实性是令人瞩目的，因为包括中国在内的很多民族，最古老的雕塑往往都不会太写实，表现较概括而缺乏细部的刻画，就

1-36 蹲着的女神阿芙罗狄特 1世纪-2世纪

1-35 阿芙罗狄特 前410年

是被称为"原始性"的那些特点。而在古希腊,则是在很早的时代就掌握了这样精致的写实技巧。这些恐怕还是得益于古埃及和美索不达米亚文明的深厚基础。而古希腊雕刻其实是十分注重精神塑造的,不论是维纳斯安详的神态还是各类女神优美的动作,以及《伊利亚特》等神话传说中的勇士们,都充满个性。由于裸体雕刻的流行,更使艺术家们着眼于通过人物的动态和表情来表现不同人物的性格和情绪。而这种内在精神的表现,更富于艺术内涵。

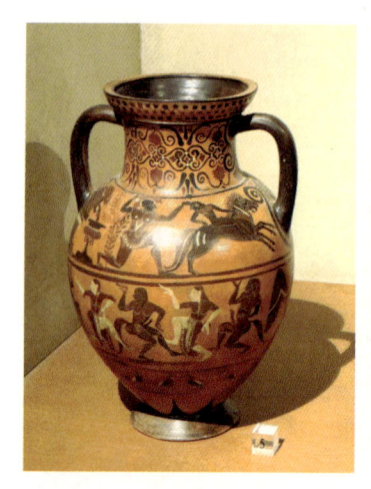

1-37 古希腊彩陶瓶 前5世纪 　　　1-38 古希腊彩陶瓶 前5世纪

只要读过荷马史诗《伊利亚特》和《奥德塞》，以及索福克勒斯、阿里斯托芬的戏剧，就可以发现古希腊人乐于把历史上的英雄神格化，同时那些传说中的神又具有凡人的思想与性格，这种神人同体的意识，催生了独特的文学与艺术。那些神虽然有着不可思议的神通，但他们依然是人，有着七情六欲。如宙斯、阿波罗、维纳斯等神祇，却有着普通人的面貌和体态特征，如小天使丘比特，如果去掉他们的翅膀，就跟普通的孩子没有两样。这就使古希腊艺术中的神与人的形象一样，而表现神，实质上就是表现理想的美。维纳斯的美表现的就是现实理想之美。

希腊文化在后来的罗马时代得到更大的发扬，并传播到世界各地。现存很多古希腊风格的雕刻可能就是罗马人模仿古希腊艺术之作，但在艺术史上仍然具有重要的意义。在古希腊大量的彩陶瓶上，往往彩绘出那些神话和史诗中的故事，而英勇顽强的斗士、健美的身体、贵族们奢华的生活以及音乐演奏等场面，都是经常出现的主题。

1-39 皮翁比诺的阿波罗像 约前500年

1-40 古希腊雕塑展厅

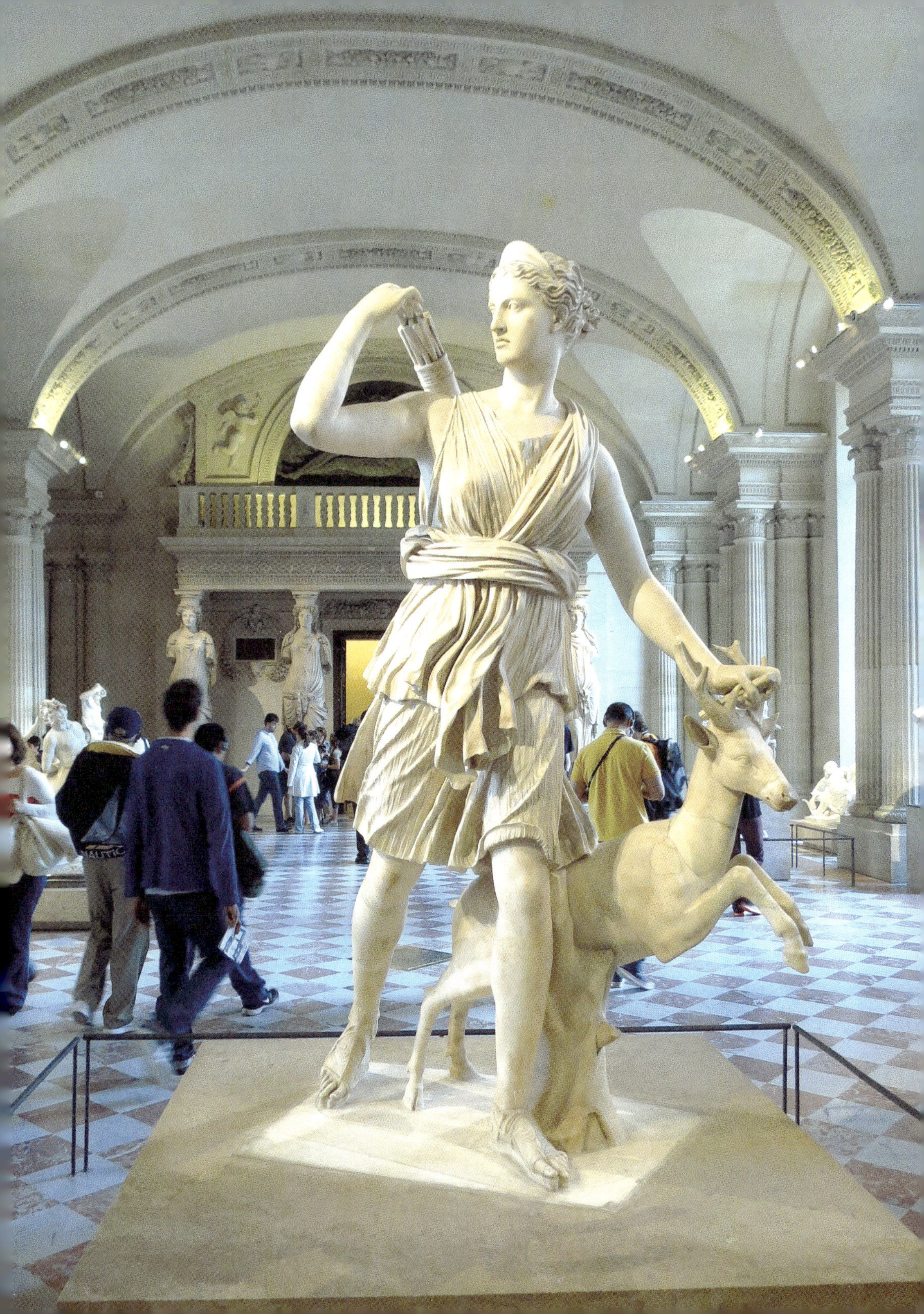

五、文艺复兴时期的艺术

1-41 一位老师在达·芬奇《岩间圣母》画前给学生们讲解

  "文艺复兴"这个词对于欧洲文明来说充满了光辉灿烂的无限荣光。达·芬奇、拉斐尔和米开朗基罗等巨匠们把意大利艺术推向了那个时代的世界之巅。近代国家的形成与经济上的极度繁荣，促成了意大利文化的高度发达，那是一个诗人、剧作家、画家、建筑家辈出的时代，那是一个充满了创造力的时代，也是艺术家大显身手的时代。在那些有名或不太有名的画家们的大量作品中，我看到了在文艺复兴这一人文精神的刺激下，画家们是带着多么大的欢欣来创作各种题材的作品，不论是宗教画、历史画、肖像画还是建筑和雕刻，在这个时代都散发着迷人的光芒。卢浮宫收藏的文艺复兴名作，大概除了意大利本土外，任何博物馆都无法比拟。尤其是那些大师们的经典作品，大部分都可以在这里看到。

1-42 达·芬奇《圣母子与圣安娜》

1-43 达·芬奇《蒙娜丽莎》

　　站在达·芬奇（Leonardo Da Vinci,1452-1519）的《岩间圣母》前，你会难以抑制激动的心情。幽暗阴冷的岩石，映衬出圣母那温暖如春的眼神与柔和的笑容，仿佛有一束奇妙的光从岩洞中照射出来，照在幼年的耶稣与圣约翰之间，使人物的表情以及相互之间的情趣明确地表现出来，有如舞台般的效果。岩石背景那富有透明感的色彩，使风景的透视完美而且充满了神秘。也许这正是达·芬奇的魅力所在，《蒙娜丽莎》的背景也正是通过这样细腻而完美的风景表现，衬托出人物高贵的气质。在另一幅《施洗者圣约翰》中，我们还可以看到描绘风景及草木的细腻而又富于透明效果的色彩技法。《圣母子与圣安娜》表现了圣母玛丽亚和她的母亲圣安娜以及幼

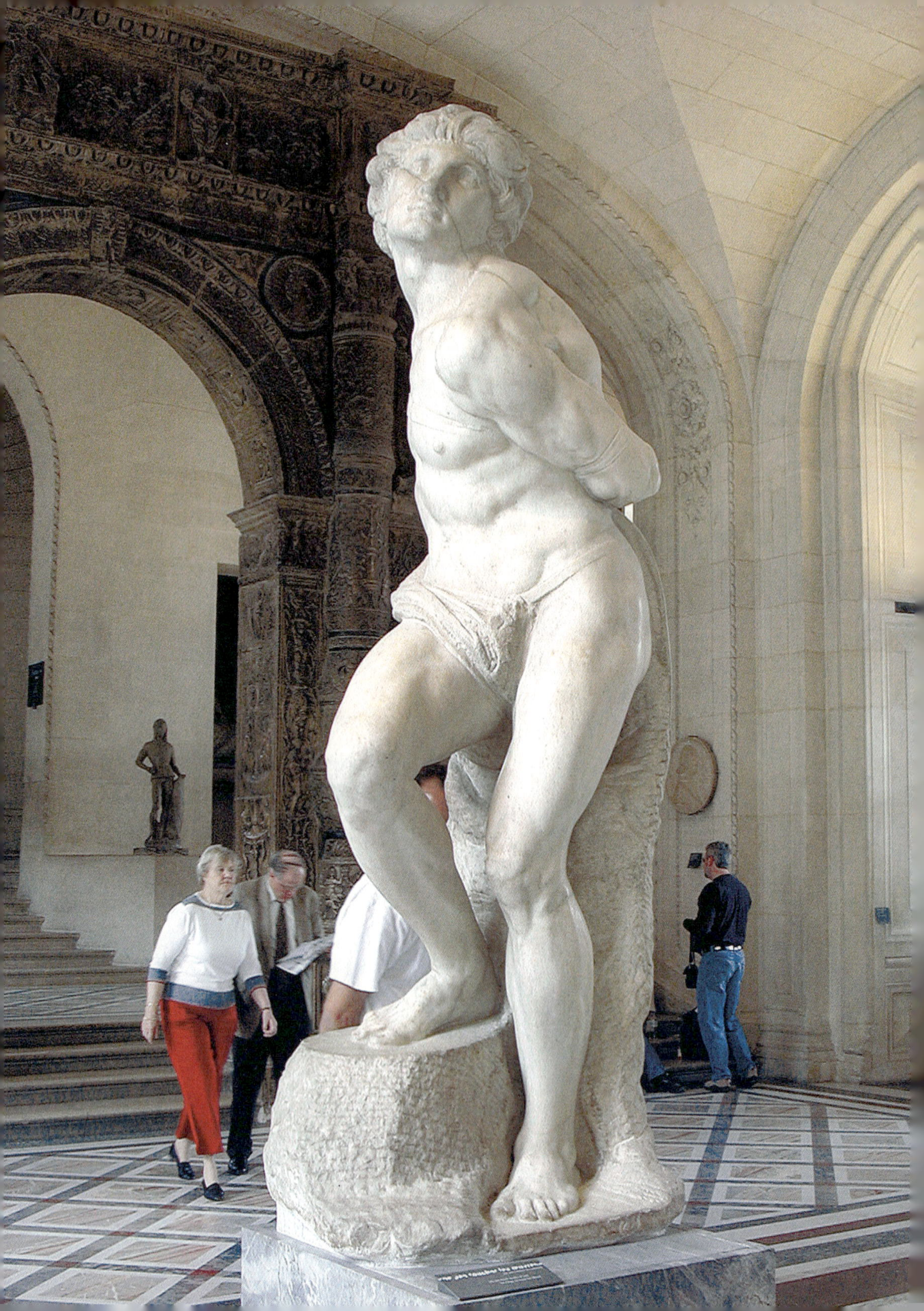

1-44 拉斐尔《园丁》

1-45 拉斐尔《园丁》（局部）

1-46 米开朗基罗《被缚的奴隶》

年的耶稣三个人，玛丽亚坐在圣安娜的身上，却侧身向着画面右侧的耶稣，似乎非常担心地想抱起耶稣，而小耶稣手里抓着小羊。羊是受难的象征，从宗教的隐喻来说，圣母已经预感到耶稣将来的苦难，她的表情显示着忧虑。而圣安娜则带着一种微笑，令人想起蒙娜丽莎的微笑，也许是达·芬奇笔下特有的人物表情吧。这幅画与达·芬奇别的作品都不太一样，就在于通过三个人动作的连环性，圣母从左侧向右伸过手来，耶稣的一双手也是向着右侧的小羊，圣母和圣安娜的眼神向着小耶稣，而小耶稣在回头看着圣母，包括小羊的眼睛也朝着圣母。这样的对视，构成了画面一种向心趋向。画面上部的远山也是达·芬奇式的远景画法。

比起达·芬奇的作品，拉斐尔（Raphael Sanzio,1483-1520）的绘画更具有世俗性的优美。拉斐尔通常不会像达·芬奇那样以幽暗来衬托明亮的部分。他的作品始终是明亮而爽朗的：灿烂的蓝天白云下，慈祥的圣母与裸体可爱的圣子，和谐而温暖的色彩，柔和而美丽的曲线，圣母弯弯的眼睛、小巧的嘴唇，每一个表情，每一个细节都是那样精致可爱。拉斐尔就这样创造了圣母画像的典范，使佛罗伦萨画

1-48 波提切利 《维纳斯和美惠女神送礼物给少女》

1-47 米开朗基罗《濒死的奴隶》

派在很长时间内一直沿袭着他的风格发展。在拉斐尔以后，文艺复兴后期意大利流行着称为"样式主义"的画风，就是指学习这些大师们而流于形式的画风。也难怪，达·芬奇、拉斐尔这些巨匠们超出这个时代太高了，在很长时期内都是无人可以企及的，普通的人学习他们，当然是免不了要流于形式了。

米开朗基罗（Michelangelo di Lodovico Buonarroti Simoni, 1475-1564）是以充满英雄主义的力量感而著称的，在著名的《被缚的奴隶》、《濒死的奴隶》等雕刻中，那种肌肉的力量感和强烈外张的力度表现得淋漓尽致。即使是在他的小幅素描中，也充分体现出那种昂扬而奔放的力量。

1-49 波提切利壁画（局部）

文艺复兴实际上是把古希腊罗马的艺术以新的形式表现出来了。米开朗基罗的雕刻，从形式来说是古希腊艺术的再造，然而其精神面貌则是全新的。文艺复兴重视的不是神，而是人。人的精神被强调了。当蒙娜丽莎这个普通的人物画得如圣母

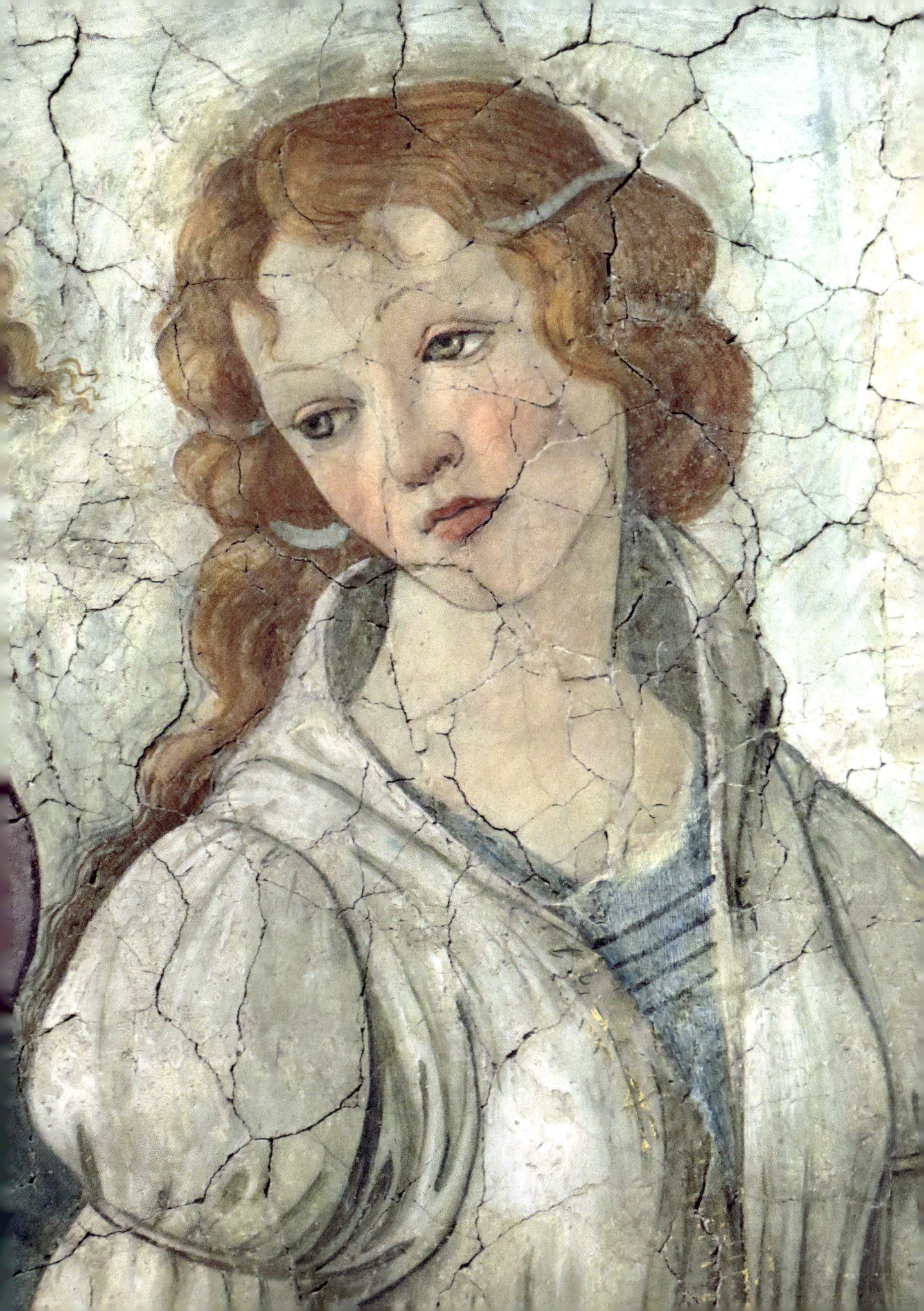

1-51 丢勒《自画像》

1-50 乔尔乔内《田园合奏》

玛丽亚一样高雅而慈祥时，这也许就意味着普通人被强调的时期到来了。

　　文艺复兴时代的大师作品大多为宫殿、教堂等建筑以及壁画和雕刻，所以卢浮宫美术馆的收藏品只是意大利美术中很小的一部分。尽管如此，还是能看到文艺复兴初期的画家波提切利的两幅壁画作品，是为雷米别墅而绘的，其中一幅画的是维纳斯和美惠三女神向一位少女赠送礼物。虽历经数百年，壁画颜色已变淡，但包括维纳斯在内的"三美神"还是那样散发着迷人的光彩，她们信步走着，仿佛按着乐曲的节奏翩翩起舞，那种轻快的动势，连同那绚丽的衣饰，焕发着青春的韵律。令人想起波提切利的杰作《春》，那种单纯而优美的女性形象，真是无可替代的。

　　乔尔乔内（Giorgione，1477—1510）的《田园合奏》，也是文艺复兴时代的一幅名作，表现四个人在明媚的田园风光中演奏音乐，画面中两个女子都是裸体，左侧的女子侧身向外倒水，其余三人各持乐器好像正在谈论什么。而右侧肌肉丰满的女子在画面中占据了主要位置。在画面右侧还可见远处放牧的人赶着羊群归来。自然恬静的乡村景色，闲适而抒情的场面，是人间还是天上？画家将美丽的裸女与音乐演奏结合起来，似乎想表现一种自由而美好的理想境界。自古希腊罗马时代以来，

文明的穿越
——世界四大博物馆巡礼

034

1-52 古典绘画展厅一角

1-53 鲁本斯绘画展厅

绘画雕塑中的裸体表现是很平常的事，但往往需要借表现神来表现裸体，而在文艺复兴之后，表现神的形式也可以用来表现普通人物了，这里没有借用神话故事，这些人都是普通的人，但在画家的笔下，田园中的人物却像神话传说中那样美丽。

文艺复兴时代的艺术可说是群星灿烂。这个时代的大师，还可以列出提香、伦勃朗和丢勒等等。提香在表现有关维纳斯的画面中，突出表现着女性优雅之美。德国画家丢勒则在人物画中表现出十分严谨细腻而近乎科学的手法，伦勃朗把光与影的表现发展到了一个更高的阶段。丢勒和伦勃朗分别对德意志画派和尼德兰画派产生了重大的影响。

六、巴洛克和罗可可风格绘画

无论在什么地方,鲁本斯豪放的作品总是最吸引人们的眼球。鲁本斯(Peter Paul Rubens,1577—1640)是佛兰德斯画派的重要人物,他的一生曾有较长时间当外交官,并在外交方面显示出杰出的才干,而他的绘画则在艺术史上留下了不朽的篇章。他最著名的组画"玛丽·美第奇生平",通过21幅油画表现亨利四世的王妃玛丽·美第奇一生的故事。鲁本斯这二十多幅的大型组画陈列在一个专门的展厅。组画中的《美第奇抵达马赛港》是最负盛名的一幅大作,表现美第奇乘船到法国的马赛港,受到热烈欢迎的场面。雍容华贵的美第奇从船上走下,前面有热情迎接的人群,从画面右侧可见宫殿建筑,象征着法国皇室的威严。天上有天人吹着长号,船下的海中则有六个裸体的海神在舞蹈,其中三个女神丰满有力的躯体,强烈扭动显示出欢快的舞姿,正是鲁本斯绘画中最喜欢表现的那种女性之美。鲁本斯的画代表了当时流行的巴洛克风格。

1-54 鲁本斯《美第奇抵达马赛港》

鲁本斯在晚年更注重表现生活,他在第一任妻子去世几年后,于1630年第二次结婚,娶了美丽的海伦娜·芙尔曼,那时她才16岁。此后鲁本斯经常以海伦娜为模特画人体,并创作出一些重要的作品。《海伦娜·芙尔曼及二子》就是一幅表现温馨家庭的作品,画中以流畅的笔法表现出一个阳光明媚的环境中,母亲与两个孩子在一起的场面。这时鲁本斯已有三个

1-55 鲁本斯《美第奇抵达马赛港》（局部）

孩子，画面左侧是鲁本斯的长女，芙尔曼双手抱着的男孩是鲁本斯第二个孩子。这幅画的左上侧和右下侧显示出未完成的痕迹，按鲁本斯为这幅画作的一些素描来看，本来在右侧还应该画出画家的第三个孩子，刚满一岁的小女儿，但不知为何没有完成。尽管如此，画面中强烈而完整的色彩，人物的神情，表现出温暖的家庭之感。鲁本斯好像并不喜欢过分细腻地刻画人物的细部特征，总是用粗犷的笔触，显示出一种生气，使画面变得鲜活。

自文艺复兴以后，艺术的中心似乎就在意大利。法国画家在世界产生影响，恐怕是 17 世纪以后的事了。普桑（Nicolas Poussin, 1594—1665）的绘画成为这个时

1-57 普桑《阿卡迪亚的牧人》

1-56 鲁本斯《海伦娜·芙尔曼及二子》

代法国艺术中明亮的一页。那样恬静的田园风光，明净而优美的情调，在当时一定是深受上流社会喜爱的风格吧。引人注目的那幅《阿卡迪亚的牧人》，描绘四个牧人围绕着一块墓碑，他们似乎在读墓碑上的字，一个牧人回过头来惊奇地看着右侧那个似笑非笑的女牧人。碑文的意思是"即使在阿卡迪亚也有我"。研究者认为它表明死神的无处不在，从而使这幅画不单纯是田园风情，而具有了文学性的内涵。

另一位画家华托（Jean Antoine Watteau，1684-1721）也擅长于表现画外之文学内容。他的名作《舟发西苔岛》表现一对对贵族男女正准备去西苔岛（爱情岛）的情景。画面中亦真亦幻的风景，令人对那个有着爱神雕像的西苔岛充满浪漫想象，而画中一对一对的情侣，加之空中飞来飞去的丘比特，使这幅画渗透着理想的情调。

华托的另一幅画《出浴的狄安娜》，表现坐在水边的狄安娜似乎刚洗浴完，正在擦拭腿上的水。根据古罗马神话，狄安娜是太阳与音乐之神阿波罗的孪生妹妹。她

1-58 华托《舟发西苔岛》

与阿波罗一样：喜欢森林、草原，因而也是狩猎女神。照神话里的说法，狄安娜身材修长、匀称，相貌美丽，又是处女的保护神，所以在欧洲古典绘画中经常以狄安娜为题材作画。华托的画中，裸体的狄安娜坐在水边，周围是美丽的田园风光，远处可见一些房屋，表现的完全是人间的景色，没有了神性，这正是当时流行的罗可可风格的特征，虽然以神话为题材，但却表现出人间的世俗气氛，这是适合于当时贵族们欣赏口味的绘画。

布歇（Francois Boucher，1703—1770）也是罗可可绘画的代表画家，他有一幅同名之作也叫《出浴的狄安娜》，表现出浴后的狄安娜坐在山坡下，旁边是陪伴她的林芙。狄安娜头上有月牙装饰，象征她为月神，身边的弓和猎物、路边的两匹猎狗和箭，则暗示她是狩猎之神。两个裸女表现得晶莹剔透，充分体现布歇描绘人体的技法，也因此受到一些评论家的批评，认为完全是迎合当时对绘画官能的欣赏，

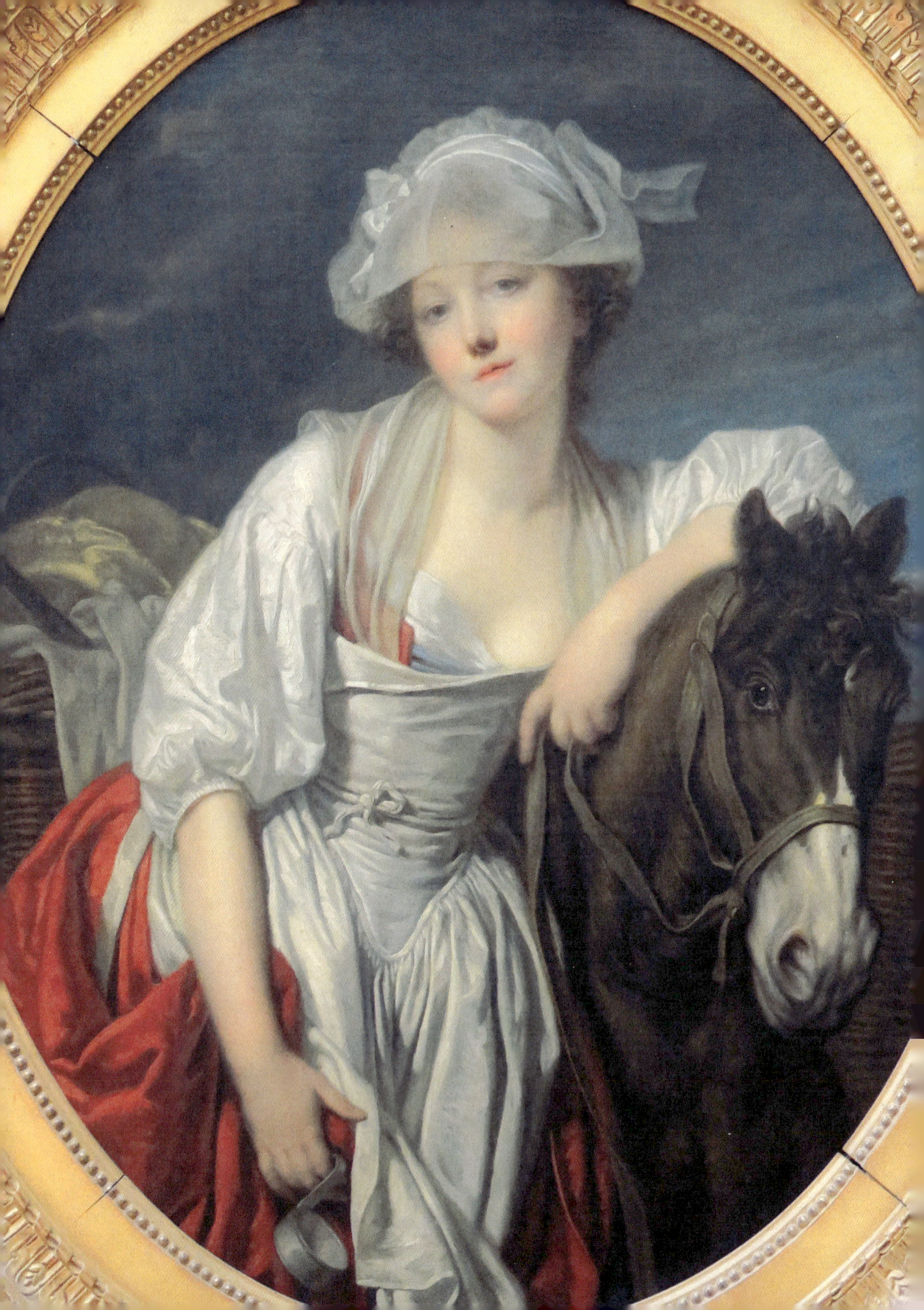

1-59　华托《出浴的狄安娜》

1-60　布歇《出浴的狄安娜》

1-61　格瑞兹《打破的水壶》

1-62　格瑞兹《卖牛奶的姑娘》

已没有古典式的境界的追求。然而在绘画中，古典的神性逐渐演化为人间的世俗情怀已成为不可抗拒的趋向。重新认识文艺复兴以来的古典精神，则有待于新古典主义崛起。

格瑞兹（Jean Baptiste Greuze，1725—1805）的作品也以小巧精致见长，他最有名的两幅作品《打破的水壶》和《卖牛奶的少女》均为椭圆形小画，大约也是为了适合于室内装饰而绘制。《打破的水壶》表现一个羞涩的少女，双手抱着卷在衣襟里的花朵，右臂里挎着一只打破了的水壶，脸上露出迷茫的神情。打破水壶象征着少女失去了童贞，这幅画在幽暗的背景中表现少女青春期的惶惑，使人看了充满怜惜之情。《卖牛奶的少女》则表现少女倚在一匹马旁边，马上驮着牛奶，少女的手里拿着盛牛奶的容器。与《打破的水壶》中羞涩的少女不同，这里的主人公暧昧的眼神里带有诱惑的表情，加上身体的动作，多少有些放荡的神态。无论如何，这两幅画对少女的心理刻画还是非常成功的。

七、从浪漫主义到新古典主义

1-63 古典绘画展厅一侧，近处是《拿破仑的加冕典礼》

法国绘画最使人感动的还有19世纪浪漫主义和古典主义的大师们的作品，在德农馆二楼的第75-77号展厅里展出了浪漫主义画家席里柯、德拉克洛瓦以及新古典主义画家达维特、安格尔等人的巨幅作品。席里柯（Theodore Gericault，1791—1824）的《梅杜莎之筏》，画面高491厘米，长716厘米。这幅画取材于真实的事件，1816年6月，法国的轮船触礁，在无人救助的情况下，船上149人在漂流了12天之后，仅15人获救。这一事件在社会中引起了很大的反响，席里柯曾采访了一些当事人，花了三年的时间完成了这幅杰作，为了表现在海上遇难的人，他还专门从停尸间借

1-64 席里柯《梅杜莎之筏》

1-65 古典绘画展厅一角

来尸体,观察尸体腐烂变质后的颜色,并在画室里仿造一个破筏,以表现在海上漂泊的状况。画面中死者的尸体,绝望的场面与生者执着的求助努力形成强烈的对比。无情的海浪、失望与愤懑多种复杂的情绪在画面中织成了一曲壮烈的悲歌。这幅作品刚一展出即获奖,并赢得了巨大的声誉,而天才的画家席里柯仅活了34岁。

浪漫主义绘画的旗帜注定是要由德拉克洛瓦(Eugene Delacroix,1798—1863)擎起的。德拉克洛瓦的很多名作都是巨幅的油画,如《撒旦纳巴勒斯之死》高395厘米,长495厘米。画面取材于古代亚述的历史故事,亚述王撒旦纳巴勒斯是一个十分荒淫腐败的国王,最后免不了国破身亡的命运。画家选择了国王最后末日的场面,撒旦纳巴勒斯王下令把他所有的财宝搬到一起,付之一炬,把他曾经宠爱的姬妾、战马、卫士都通通杀死。于是画面中充满了骚动不安的情绪,国王斜躺在左上角一个较暗的角落,沿着他的视线向右下部,靠近国王的是一个张开双手覆在床上被杀死的宫女,床下还有一个躺着呻吟的女人,而右下部一个武士正从后面把匕首刺向一个宫女的胸膛。左下部一个黑人正牵着一匹烈马,画面右上部可见硝烟缭绕。画面以红色为基调,更增强了这种血腥与恐怖。德拉克洛瓦表现的丰满的女人体令人想起鲁本斯的绘画,但鲁本斯往往表现神话故事,即使是有战争的插曲,总的来说充满诗意,强调外在的感观之美。而德拉克洛瓦的作品更多地关注现实,即使表现神话与历史故事,其目的也与现实紧密相关。

1-66 德拉克洛瓦《撒旦纳巴勒斯之死》

《自由女神引导着人民》是影响深远的一幅作品,此画高260厘米,长325厘米。在战火的背景中以高举三色旗的自由女神为中心,周围跟随着参加革命的劳动者,是一曲对人民革命的颂歌,战火中乘胜前进的形象,绚丽的色彩,充满了昂扬而乐观的情调。看着这幅《自由女神引导着人民》就会令人想起与德

1-67 德拉克洛瓦《阿尔及尔的妇女》

1-68 德拉克洛瓦《自由女神引导着人民》

拉克洛瓦同时代的雕塑家吕德创作的《马赛曲》，这件不朽的浮雕至今依然屹立在巴黎的凯旋门上。这两件作品可以说是法国浪漫主义美术的双璧。德拉克洛瓦还有表现历史题材的《十字军进入君士坦丁堡》，表现东方情调的《阿尔及尔的妇女》等名作都可以在卢浮宫看到。

在浪漫主义绘画兴起之时，还有一些画家采取古典主义的画法，虽然当时有人认为这些画家保守，但实际上从思想到表现技法上都与传统的古典主义有很大的区别，所以画史上称之为新古典主义，其代表画家有达维特和安格尔等。达维特（Jacques-Louis David，1748—1825）这个画家在法国大革命风起云涌之时站在革

1-69 巴黎的凯旋门

命派的一边，画了很多具有革命思想的作品。如《荷拉斯兄弟之誓》《马拉之死》等。后来随着形势的变化，他的思想又有保守的倾向，包括他的大作《萨宾妇女》和《拿破仑的加冕典礼》都颇受批评。不过一个艺术家毕竟不是政治家，他为他那个时代留下了辉煌的作品，这一点使他不愧为一代大师。《荷拉斯兄弟之誓》取材于罗马历史故事，表现老荷拉斯将宝剑授予荷拉斯三兄弟，他们起誓：不是胜利归来，就是战死疆场。画作表现出视死如归的气概。画面中央为老荷拉斯高举三把剑庄严地授予三兄弟，兄弟三人站在画面的一侧，阳光从左侧洒下，背景中建筑的大门还在阴影中，画面像一个舞台，人物的动作正如戏剧中的亮相动作。多少有点摆出姿势的感觉，这倒像是把一幕戏剧凝固在一个画幅之中。正是这样略带夸张的动作，在那个特殊的时代，具有强烈的感染力。而这一点似乎也成了达维特绘画中的一种倾向，在《苏格拉底之死》（大都会艺术博物馆藏，参见本书第四章《大都会艺术博物馆》）等作品中也表现出来。《萨宾妇女》表现出另一种激动人心的场面。在刀光剑影的战场上，勇敢的妇女站在交战双方之间要求和解，激烈的冲突与不屈不挠的和平愿望，在画面中交织在一起。《拿破仑的加冕典礼》是一幅高 610 厘米、长 931 厘米的巨幅画作，展现出当年拿破仑在巴黎圣母院加冕时的煊赫场面，人物众多，场面宏大。

1-70 凯旋门上的浮雕：吕德《马赛曲》

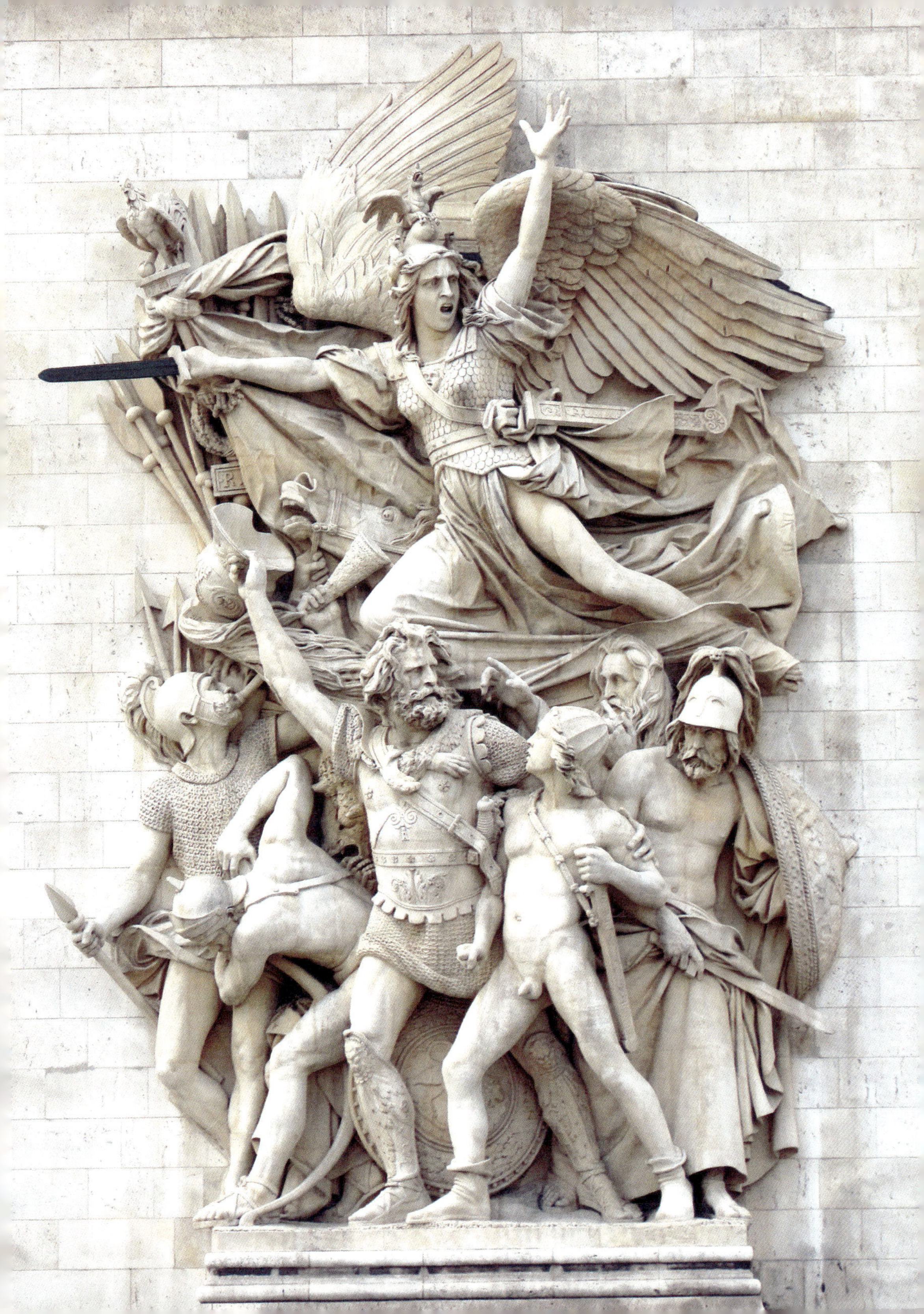

画面中拿破仑头上已经戴上皇冠,他双手捧着小皇冠正准备给皇后约瑟芬戴上。拿破仑在1804年专门让罗马教皇来巴黎为他举行加冕仪式,而在加冕之时,傲慢的拿破仑却拒绝跪在教皇面前,而是把皇冠夺过来自己戴上。画家表现拿破仑加冕时,当然不能画出拿破仑自己戴上头冠这样的事情,于是就巧妙地选取拿破仑已经戴上皇冠,转而为皇后加冕的场景。这样既维护了教皇和拿破仑的体面,又把拿破仑置于画面的中心位置。总之,这幅历史画可以说是新古典主义的杰作。关注现实社会,表现重大历史题材,塑造不朽的人物形象,体现出博大而庄严的气氛,这些新古典主义绘画的特点在达维特的作品中发挥到了极致。

1-71 达维特《荷拉斯兄弟之誓》

比起达维特来,安格尔(J.A.D. Ingres,1780—1867)似乎不愿去触动风云变幻的时代政治,他的作品更注重品味生活中的甜美与安宁。作为达维特的弟子,安格尔却只对古典式的美感兴趣,虽然他也曾试图像他的老师那样画一些历史或现实题材的大作,但似乎并不成功。而在女性裸体画方面却充分显示出他对人体美高超的表现。安格尔笔下的裸女不像文艺复兴时代那些大师们画的裸女,那种借助于神话来创作的多少有点不食人间烟火的美女。安格尔的

1-72 达维特《拿破仑的加冕典礼》(局部)

1-74 达维特《萨宾妇女》（局部）

1-73 达维特《萨宾妇女》

美女是真实的，是接近生活的，但绝不俗媚。《大宫女》最能体现安格尔这种独特的手法，人物的身体略长，画家有意把人物身体画长，超乎比例的长，似乎正表现出他认为美的那种曲线，这也许就是安格尔式的美吧。此外，人们熟知的《泉》(此画已移至奥塞美术馆)也表现着画家对人体美的探索。安格尔画了很多女人体，无论是谁都表现出无可挑剔的柔美。安格尔的画会令人想起拉斐尔，但没有那种圣母的神圣感，而是更加真实可感的现实的美，他把女人体的美表现到了极点。

也许历史常常会循环发展，达·芬奇的时代使古

1-75 安格尔《大宫女》

希腊罗马艺术复兴,但这种复兴并非倒退,而是在学习传统精神时创造了一个时代的艺术,而19世纪的新古典主义绘画则再次推出文艺复兴时代的艺术,同时也是在描绘着新时代的艺术,从而使艺术的洪流经久不息地在法国沸腾。

1-76 安格尔《浴女》

属于新古典主义的画家还有热拉尔(Franois Gerard,1770—1837),他的代表作《爱神与普赛克》表现的是爱神丘比特与普赛克相爱的故事,意大利雕塑家安东尼诺·卡诺瓦也曾以这个题材创作了一件杰出的雕塑作品(参见本书第三章《冬宫博物馆》),而在热拉尔的油画中,着重表现两个少男少女散发着青春气息的裸体,普赛克略显拘谨的神情,表现出天真而又羞涩的心理和对未来的憧憬,丘比特则一往情深地吻着爱人的前额,两人的头上方还飞着一只蝴蝶,似乎也在歌唱着他们的爱情,天空的彩云映衬着这个浪漫的场景。

1-77 热拉尔《爱神与普赛克》

接下来的法国绘画相继产生了现实主义和印象主义,进入了更加绚丽灿烂的艺术时代。对印象主义的形成具有决定性影响的巴比松画派,以田园风光和农村生活为主题,其代表人物有柯罗,他以细腻的笔触表现自然山水树木,虽然也常以古典神话传说为依据,但神与世俗人物的表现在画面中已退居次要的地位,自然风光成为画中的主角。荫翳蔽日,略显神秘气息的森林风光,是柯罗最吸引人的地方。

文明的穿越
——世界四大博物馆巡礼
050

1-78 柯罗《莫特枫丹的记忆》

　　本来在卢浮宫还藏有很多印象派及现代派艺术的作品。1983年奥塞美术馆（Orsay Museum）成立后，就把卢浮宫所藏1848年以后的美术品都调拨到奥塞美术馆了。因此，奥塞美术馆也称为印象派美术馆。此外，以收藏东方艺术和图书著称的吉美博物馆（Guimet Museum）于1885年捐赠给国家，成为法国国家博物馆的东方部，1945年法国政府对国家博物馆的藏品作了调整，把卢浮宫美术馆收藏的东方美术品除两河文明及伊斯兰文明以外的全部文物都移交到吉美博物馆。这样，包括中国、印度、中亚、东南亚等地的大量文物就集中到了吉美博物馆，卢浮宫的藏品就以欧洲艺术为主，欧洲以外的还包括古埃及、古代叙利亚、古代非洲和美洲地区的艺术。

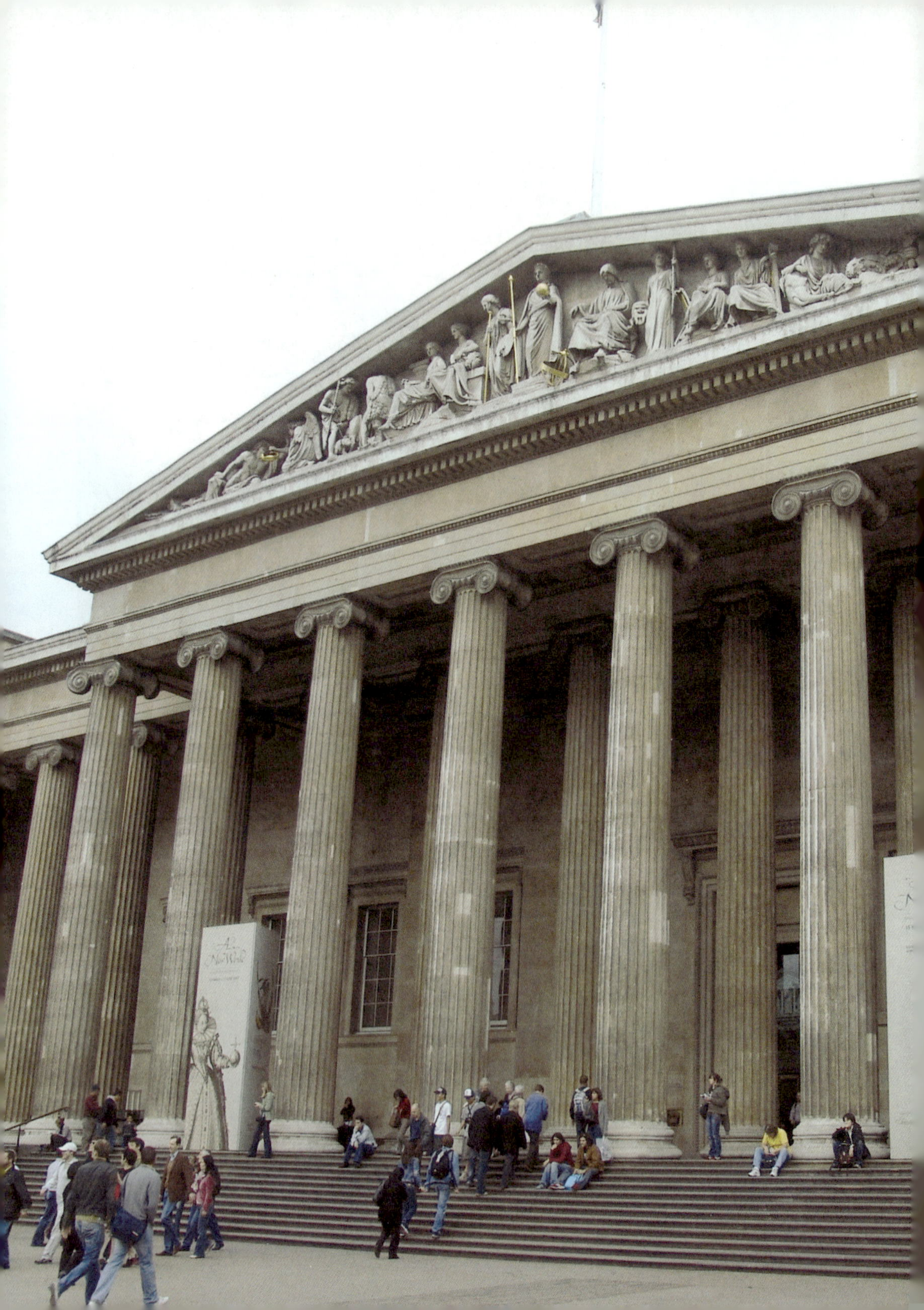

英国博物馆

一、伦敦印象

2-1　英国博物馆外景之一

雾伦敦——在很多英国小说里，都可以感受到这样的说法。当我真正走在伦敦的街道上，才体会到这种独特的气氛。

清晨的伦敦静悄悄的，商店大多是要9点以后才开门，我们就先在周围走走。

我们的宾馆位于英国博物馆和英国图书馆之间，是伦敦最中心的地段，所以这里的房价是最贵的。从这里到英国博物馆，要穿过一个名叫大罗素广场（Russell Square）的花园，这是一个方形的绿色草坪，中央有喷泉，绿草中点缀着各种花木，还有一些参天古木，遮天蔽日，鸽子

2-2　伦敦大本钟

2-3 泰晤士河远眺

2-4 作者在泰晤士河边

安详地来回觅食，松鼠不时在树上奔跑。往英国图书馆方向有一座叫作圣潘克拉斯（St Pancras）的小礼拜堂，正门上部为三角形，下面有六个列柱，是典型的希腊式柱子，后园还有一座小型的建筑遗迹，有四个人体立柱，也是古希腊流行的样式。看起来似乎不是特别有名的地方，却有着如此古老而优雅的旧式建筑，也令人称奇。可惜雨又下大了，不能长久驻足观瞻。

也许是多雨的缘故，伦敦的街道十分干净，行人走路都很匆忙。与巴黎相比，巴黎显得色彩灿烂，明朗而富有热情。而伦敦的面貌是灰暗而沉静，令人感到某种冷漠的气质。不知道这是不是伦敦多雨多雾的天气所致。

二、英国博物馆的建立

2-5 英国博物馆外景之二

2-6 英国博物馆内庭院之一

位于伦敦市中心的英国博物馆(The British Museum,也译作:不列颠博物馆、大英博物馆,特别是"大英博物馆"这一名称曾流行了很久,但近年来不少学者认为,"大英"这一称号是英帝国向世界扩张时代的产物,今天不宜再用,主张用"英国博物馆"代替"大英博物馆"的名称,本书也采用这一观点),外观看起来十分陈旧,正面是三角形屋顶和精美的雕刻,还有八根巨大的石柱,体现着希腊式建筑的风格。也许是时代久远,柱子大都变得灰暗,有明显的风蚀痕迹,似乎表明着一种历史的沧桑感。

AT COURT CELEBRA

and let thy feet
       millenniums hence
    n midst of knowledge

进入大门，里面是由四面环绕的建筑形成的天井，中央是一栋圆形建筑。现在，顶部完全以玻璃建筑形成拱顶，罩住了里面巨大的空间，让人觉得好像进入一个离奇的世界。

作为西方历史悠久的博物馆，英国博物馆已有二百五十多年的历史。博物馆最初的馆藏，源于汉斯·斯隆爵士（Sir Hans Sloane）的收藏。汉斯·斯隆生于1660年，曾在西印度群岛生活过一段时间，后来回到伦敦，成为一个有名的医生，他酷爱收集古玩，1753年去世时，已有近八万多件藏品，此外，还有大量的植物标本和图书，他把这些藏品都捐赠给国会。政府在此基础上建立了博物馆，于1759年首次开放。当时，前来参观的人主要是"好学与好奇之人士"。尽管参观是免费的，但要得到一张门票也很不容易。博物馆成立之后，开始继续大规模地收集文物。博物馆一开始就不限于英国本土的收藏品，对世界各地的收藏都有涉猎。18世纪到19世纪，英国在世界称霸，也使英国博物馆能够得到来自埃及、叙利亚、希腊以及东方的印度、中国的文物，世界各地的奇珍异宝，以不同的渠道、不同的形式，大量地源源不断地进入博物馆，现在英国博物馆藏品达四百多万件。其收藏之丰富，涉及内容之广，可能只有法国的卢浮宫博物馆可与之抗衡。

博物馆最初购买了蒙塔古大厦为馆址，到了19世纪初期，展出场地已经明显不够用，1824年博物馆董事会决定修建一座新馆，由罗伯特·斯默克爵士（Sir Robert Smirke）担任设计。新馆的

2-7 英国博物馆内庭院之二

2-8 英国博物馆中的古埃及展馆

2-9 英国博物馆中的国王资料馆

展厅环绕一个中央庭院建成，到1850年，英国博物馆基本上就是今天的样子。但博物馆的场地依然不够，1973年，博物馆对藏品进行划分，把所有书籍、手稿都转移到英国图书馆，博物馆则主要陈列各种考古、历史文物和艺术品。现在的英国博物馆共有一百多个陈列室，面积六七万平方米。

  英国博物馆作为欧洲最早出现的博物馆之一，不仅收藏品包罗万象，涵盖全世界各大文明地区，而且它的博物馆理念——把博物馆与社会教育、学术研究相结合，也是做得最好的。博物馆的收藏，长期以来，主要靠个人收藏品和一些团体的捐赠，还有一些基金会的协助捐赠。另外，博物馆在考古等研究领域有较强的力量，参与了各地的考古发掘，比如对尼罗河流域以及近东等地的考古发掘，一方面加强了研究的实力，一方面也为博物馆收获了相当多的收藏品。此外，对藏品的保护和修复工作促进了文物保护学科的发展，英国博物馆在文物保护科学方面也走在世界的前列。今天，随着电子技术的发展，数字技术也广泛运用于博物馆诸多领域。英国博物馆长期以来免费向公众开放，这在世界众多的大型博物馆中，也是较少见的。

三、西亚的文明

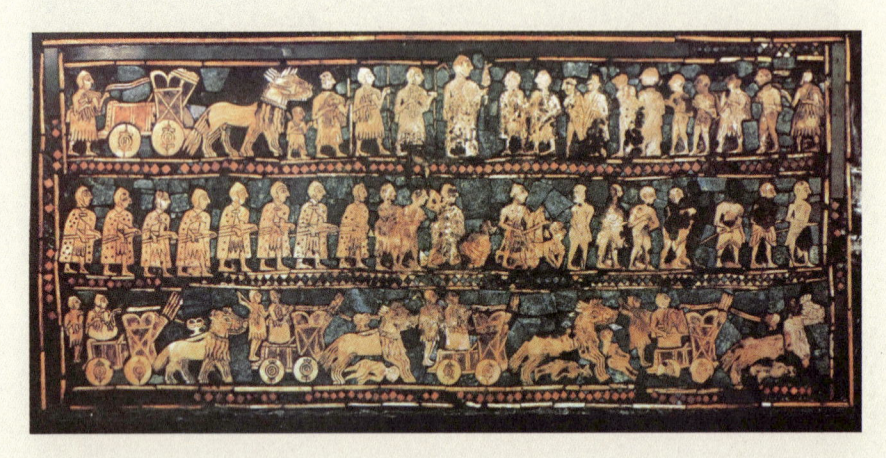

2-10 乌尔之旗
约前2600年

古代的西亚，即被欧洲人称为近东的地区，是以底格里斯河、幼发拉底河流域形成的两河流域文明，称为美索不达米亚。包括今天的伊朗、伊拉克、叙利亚、约旦、以色列、黎巴嫩、土耳其等国。这一区域的古代文明，经历了巴比伦王国和亚述王国，稍晚时期在其东部还存在着波斯帝国，从公元前4000年前就创造了辉煌的文明。在公元前3000年前后，美索不达米亚产生了城市文明，每个城市仿佛一个小国，宗教在这些小王国中具有十分重要的意义。城邦的发展推动了各种手工业的发展，在公元前2000年前后的遗存中，就有着令人吃惊的装饰艺术。一件被称为《乌尔之旗》的作品，为贝壳与石子在沥青上镶嵌而成，制作于公元前2600年，以写实的手法记录了当时的各种人物、车马以及穿着铠甲的士兵，镶嵌的手法令人想起古罗马的马赛克艺术，然而其时代却要早两千多年。公元前1792年至公元前1750年间的一块

2-11 女神
伊斯塔尔
前1792年-
前1750年

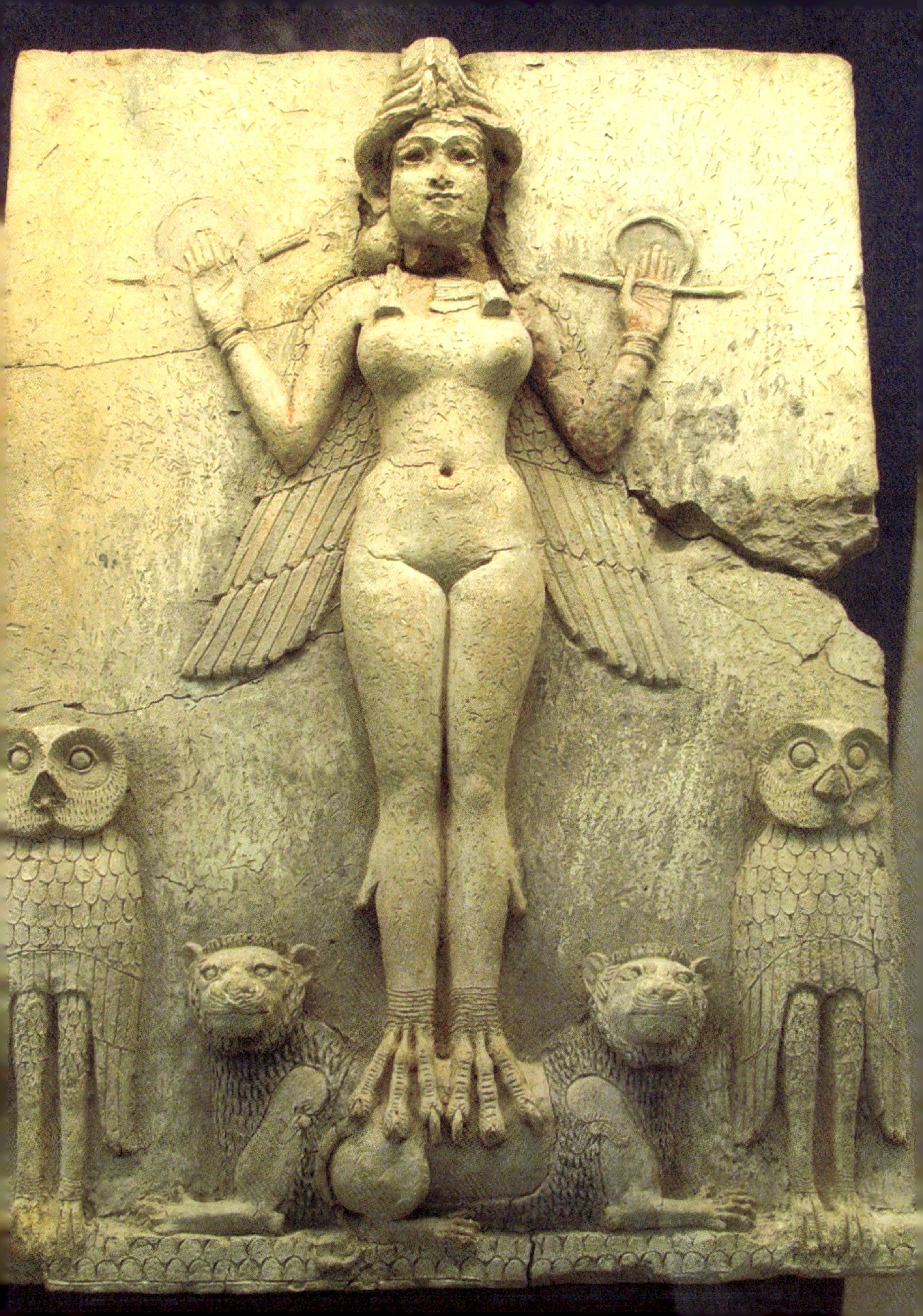

2-12 王宫守护神兽石像 约前865年

　　小型的雕塑板，表现的是女神伊斯塔尔（Ishtar），这是古代美索不达米亚神话中司爱情与战争之女神。她身上有翅膀，双手各拿着一个象征权力的圆环，站在两头狮子的背上，而双脚都像鸟爪。旁边还有两只猫头鹰，象征着这位女神也是夜之神。类似的神像还有多种，反映着美索不达米亚人的神话体系。

　　公元前1000年初，亚述王国强大起来，以今天伊拉克的尼姆鲁德（Nimrud）、库尔沙巴德（Khorsabad）和尼尼微（Nineved）三座古都为中心，统治美索不达米亚长达三百多年。这一时期国王的宫殿是何等的辉煌与奢华，我们只要看看现存的装饰雕刻，即可见一斑。高约3米的人面兽身带翼的石像，馆里展出的就有六座，这些被称为"拉玛"（Lamassu）的亚述王宫的守护石像，雕刻年代为公元前865年前后。有的是人面牛身，有的是人面狮身，背上都有翼。带有长长胡须的人像也许是当时的王者形象吧，在庞大的狮形身躯上，显得有一种不可思议的神秘。正如我们在卢浮宫也看到的那样，带翼狮身的造像正面表现出直立的两条腿，但从侧面看又

2-13 亚述王的方尖碑
前858年-前824年

2-14 亚述王宫的浮雕神像 约前645年

2-15 亚述王宫雕刻战车 约前650年

2-16 亚述王宫的浮雕狩猎图 约前650年

表现双腿一前一后的行走状态。在亚述王撒曼以色三世（Shalmaneser Ⅲ）时代（公元前858年至公元前824年）的一个黑色方尖碑上，雕刻了撒曼以色三世接受邻国的贡献，画面中表现出国王、侍臣等形象以及牵着骆驼、提着物品的仆人，追逐猎物的狮子等，富有生活气息。画面之间还刻有古代美索不达米亚特有的楔形文字。

亚述王宫大量宏伟的浮雕，表现的内容主要有两个方面：一是神像，那些人头、鸟翼、兽身，或者鸟首、人身、兽足等等奇妙的组合，构成那个时代庄严而神秘的神灵谱系。今天面对这些雕刻，古代那些宗教的气息早已消失了，但我们仍然可以体会到当时艺术家奇异的想象力。二是表现战争场面与狩猎场面。帝国时代的统治者都很喜欢表现其军队攻城掠地的赫赫战功，表现战争的作品在亚述王宫的浮雕中占了极大的比重，战车、武士、长矛、弓箭、盾牌、城池……在显示国王武力的同时，也把那个时代历史的一部分展示出来。从这些西亚的雕刻中明显感受到一种气势雄伟和宏大的气氛。与战争相关的，就是狩猎，表现狩猎者奋力击杀猛兽的场面，似乎是古代艺术中出现最多的题材，而后来中亚乃至中国艺术中的狩猎图，似乎都可以从这里找到最初表现的原型。在近乎平面的浮雕中，反复地出现人与野兽的搏斗，充满振奋人心的力量感，使人感受到那个时代强悍骁勇的斗士无所畏惧的精神。

四、古埃及文明

说到古埃及，就令人想到金字塔，想到木乃伊，想到狮身人面像。的确，埃及在人们的心目中，一直是十分古老与苍凉的印象。只可惜金字塔太大，要不然英国人也会把它搬来的。塔内的那些王族的木乃伊，以及盛放木乃伊的有精美彩绘的棺椁却大量地放在这里了。把人家的祖坟挖了，还连人家祖先的尸骨都搬走，让全世界的人只能到英国博物馆来看，这便是英国人理解的"文明"吗？

从现存的遗物来看，古埃及文明与近东文明一样，体现着一种气势非凡的宏大气度。在那些高耸的金字塔，宏伟的建筑和体形高大的雕塑面前，你会感到个体的渺小。古代法老（国王）和王后的雕像都表现着庄严和优雅的精神。尽管大部分雕塑都残缺不全了，仍可以感受到人体的张力和肌肤的表现力。第十八王朝的阿梅诺菲斯（Amenophis）三世头像（约公元前1390年）由巨型红色花岗岩雕刻，仅这一个头像连头冠就高达3米多，可以想见要是身躯完整的话，将是如何巨大。这一头像的圆形头冠也是后来的埃及国王像中较少见的。第十九王朝法老拉美西斯（Ramesses）二世巨大的上半身像（约公元前1270年）也表现出严谨典雅的风格，虽然头部大部分损坏，但面部较完整，是一个年轻国王的风采。另一件女性的雕刻虽然损坏严重，但仍可看出肌肤表现的莹润感，这些石雕像上，我们差不多可以看到古希腊雕塑的源流。这里展出的还有几件巨型的石柱，是古埃及宫殿建筑前的石柱，让人遥想数千年前古埃及的辉煌时光。

2-17 拉美西斯二世雕像
约前1270年

2-18 阿梅诺菲斯三世头像
约前1390年

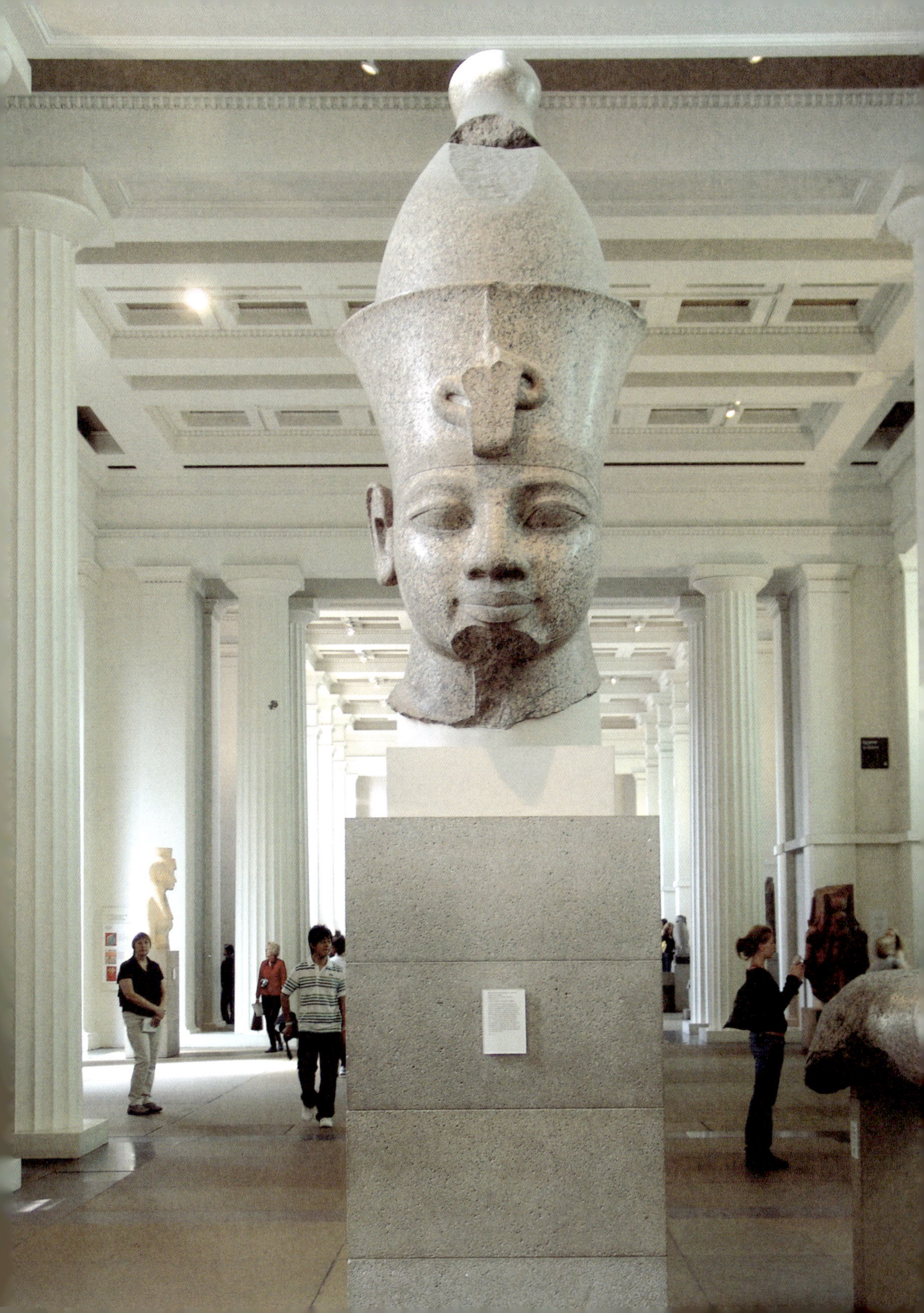

2-19 古埃及棺椁（右侧金色的就是亨努特梅特的棺椁）约前1250年

　　古埃及也是个重视厚葬的国家，埃及人把死人制成木乃伊可以保存几千年。木乃伊风干后要用亚麻布包裹，并有护身符与众多珠宝一起放在棺内，棺材做成人的形状，在其内外都有细致的彩绘，棺外画的人形表现着古埃及人理想的形象，往往把双眼画得很大，地位较高的棺盖的表面往往配以金色，表现富丽堂皇。按等级地位的不同，棺椁最多的有三层。国王和祭司的木乃伊和棺椁都做得十分精致，如拉美西斯二世在位时期的女祭司亨努特梅特（Henutmehyt）的棺椁（约公元前1250年）表面完全是镀金的，并有浮雕的各种神灵及象形文字。棺材不仅在外部画出华丽的绘画，在棺内也画出一些神像和与亡灵相关的故事，并写有象形文字。我读不懂这些文字，但从这些独特的形象中，似乎可以感受到古埃及人对死后世界的理想。

　　古埃及人对死后的想象与中国古人有很多相似之处，他们也希望到了冥间的人仍然有很多侍从，因此，墓葬中还有不少表现劳动者的木俑，木俑往往放在一个木

2-21 努特女神给人们水和食物 前1250年

2-20 古埃及棺椁 约前1250年

盒子里，称作沙比替盒（Shabti-box），这个木盒通常也有华丽的彩绘。如一件约公元前1250年左右的沙比替盒彩画，表现的是努特女神（Goddess Nut）给人们带来食物和水。画中可见树上的女神怀里抱着一些果实，左手手持一个水壶向下注水，一位女子双手接着饮水，她的前面还有一只人头的小鸟也在双手接水。古埃及绘画虽然都不免要表现神的活动，但在神性中，反映的却是人间的生活。一些壁画的残片中，我们可以看到当时人们的狩猎、捕鱼、划船、采摘果实等劳动生活。如一幅表现狩猎的壁画，画面中央是一个健壮的男子，他两脚分开站在一只小船上，左手执棒准备投掷，右手抓着三只鸟。在男子的下面可见一个体形较小的年轻女子（他的妻子）坐在船上，一手

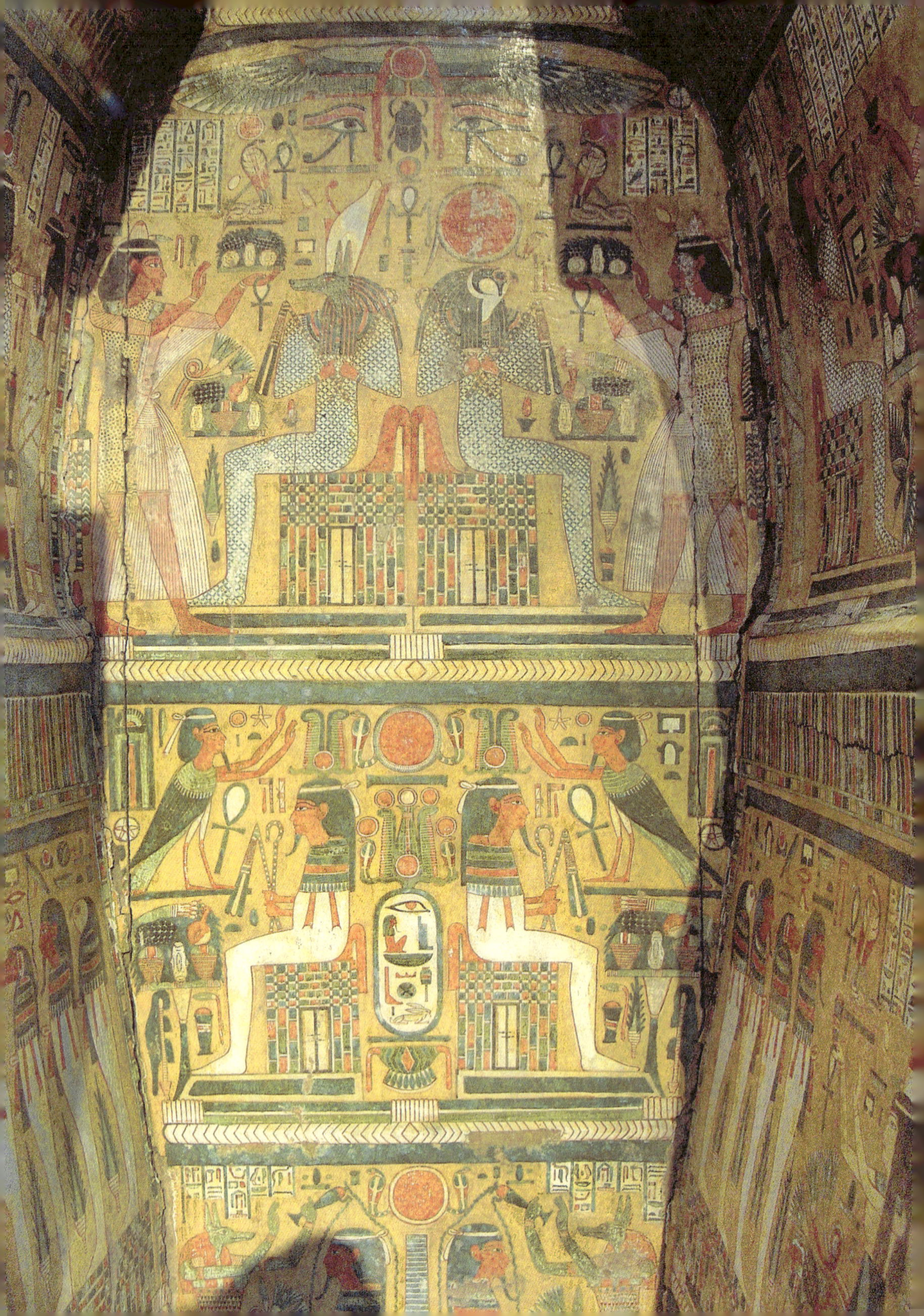

2-23 古埃及壁画 乐舞图 前1500年

扶着他的腿,另一只手正在摘取水中的莲花。站在船后面的是一位年长的妇女,可能是男子的母亲。在小船的周围布满了水生的植物,天空有飞鸟,水下有游鱼,一家人在这充满诗意的环境中劳作。另一幅壁画表现贵族的飨宴,画面上部有男男女女坐在椅子上,像是宾客。画面下部描绘两个裸体的女子在酒坛旁边跳舞,旁边还有四个女子吹奏乐器或打着节拍。两名舞女身体交错形成的奇妙而优美的造型,给人留下深刻的印象。不论是古埃及壁画还是在浮雕等画面中表现的人物,大多是头部为正侧面,而身体往往呈正面,人物仿佛都把头侧向一边。这成为古埃及人物画的一个特征。

古埃及出土文物中还有一种称作"亡灵书"的东西(大约绘于公元前1250年),通过绘画与文字,表现死者在神的引导下所要进行的活动和走向天国的道路。对死后世界的想象,在后来各国文化中都有不同的表现,也是佛教、基督教等宗教的一个重要内容。如佛教中"六道轮回"的想象,可能是对死后世界最完备的想象了。

古埃及的墓葬往往会在墓门前放置斯芬克斯的雕像。一件2世纪的斯芬克斯像却有些异样,是一个人面带翼的狮子形,却表现为女性

2-24 希腊风格的斯芬克斯像 2世纪

2-22 棺内的绘画
约前1250年

的形象。这是古希腊传说中的神兽,包括其造型也是希腊风格。原来这个墓主人是一位居住在埃及的希腊人,把希腊的文化与古埃及的习俗融合在一起了。也说明了希腊与埃及文明的密切关系。

孔子说:"死生亦大矣",看来在人类文明之初,这一点是相通的。世界上保存至今的古代艺术品,相当大的部分都是为死人而作的。愈往古代,愈是如此。死的艺术其实是给生者看的,死的表现,正是生者思想的某种体现。人类文明中,如果没有对死的困惑,对死后世界的想象,以及对这些想象的记录和表现,那么,在我们的文化遗产中,将会失去多少有价值的内容。

其实,古人这样做并不是为了艺术。古代人把死后的世界当作真实的事情,十分庄重地进行一系列祭祀和礼仪活动,包括用艺术对这些活动及想象的事情进行表现。所以,这些古埃及的艺术品是那样地单纯而执着,庄严而细腻,体现着艺术家们的真诚与热情。

2-25 古埃及壁画 狩猎图 前1400年

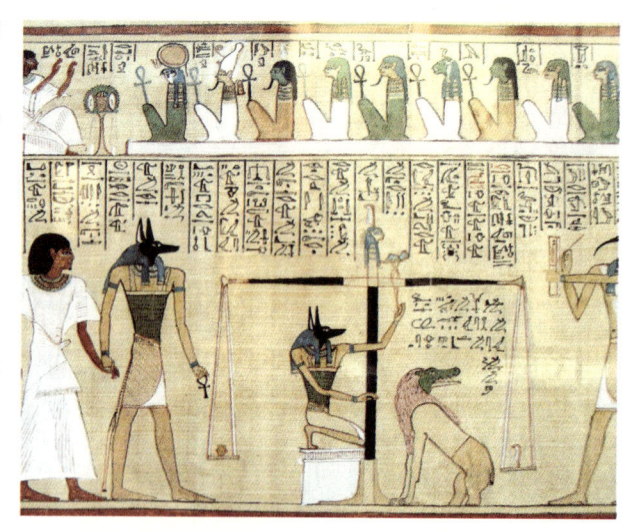

2-26 亡灵书 前1250年

五、古希腊古罗马文明

2-27 古希腊雕刻展厅

　　对于欧洲文明来说，古希腊罗马是第一个辉煌的起点。尽管考古发现中，早在公元前 4000 多年前，古希腊已有石雕小像、器物及陶器，但希腊艺术真正成熟并影响及于世界的，还是在公元前 6 世纪以后，建筑和雕刻艺术的发展，为后代留下了许多经典名作。希腊盛期的著名艺术家菲狄亚斯（公元前 490 年至公元前 430 年）设计和建造的巴特农神殿（Parthenon Temple）就是其中的代表。这座位于雅典卫城的建筑曾经辉煌一时，据说菲狄亚斯把多林斯式柱子与爱奥尼式柱子结合起来，把建筑与雕刻结合起来，创造出经典之作。

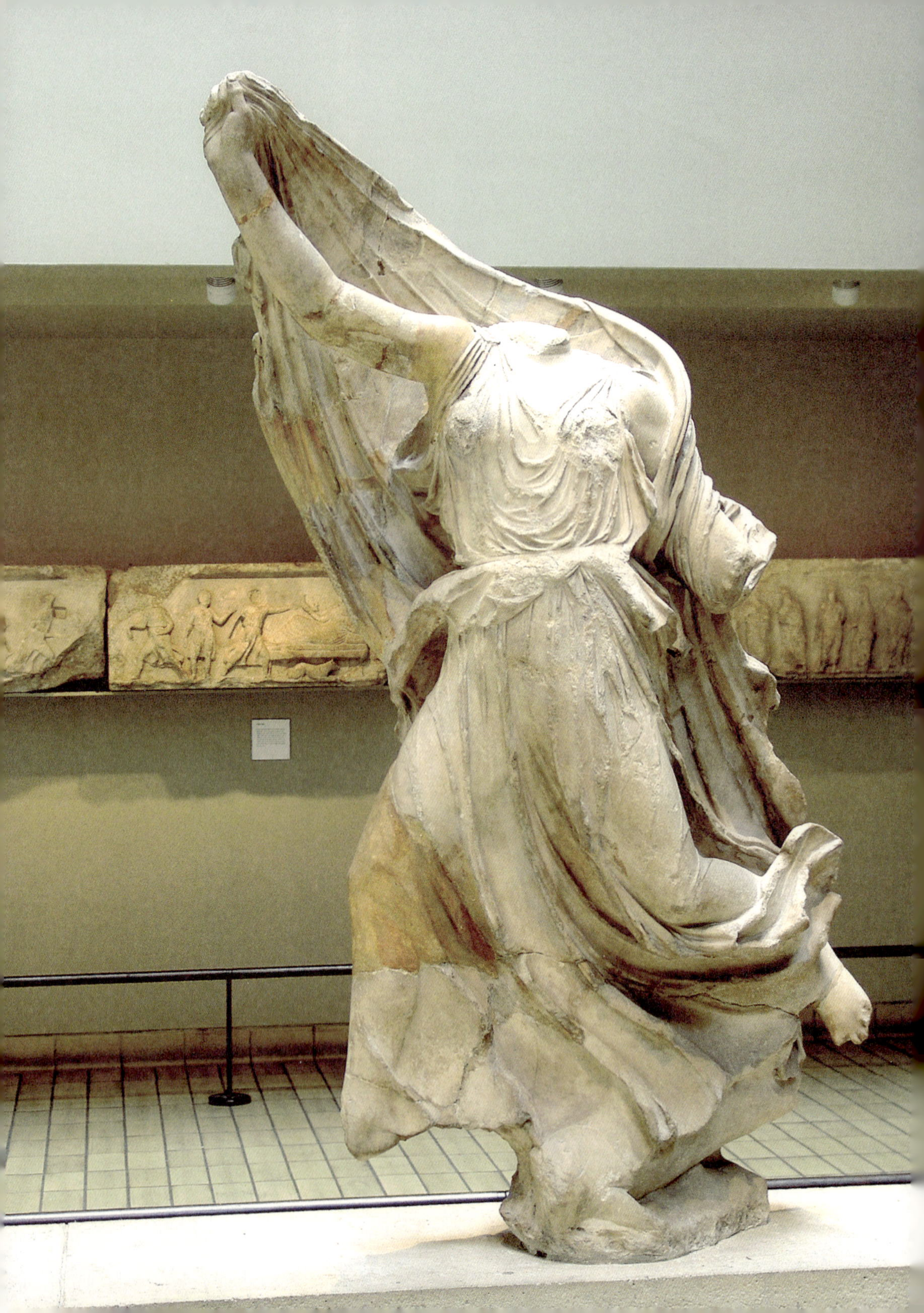

2-28 巴特农神殿雕刻之一 约前435年

2-29 巴特农神殿雕刻之二 约前435年

2-30 巴特农神殿雕刻之三
约前435年

如今，位于希腊雅典的巴特农神殿虽然还剩下巨大的列柱和部分屋顶，但上面的精美雕刻却被挖得千疮百孔。在英国博物馆，却有一个大厅专门陈列着来自巴特农神殿的雕刻，包括殿内体形较大的雕塑和墙壁的浮雕。这些雕像，不论是坐姿还是立姿，裸体还是着衣，都表现得充满生气，那种自由的舞蹈状或坐着小憩状，衣纹形成的流线，动态形成的节奏，无不体现着古希腊那种爽朗与自信。在四周还陈列着出自巴特农神殿墙壁的浮雕，雕刻人物表现着强烈的力量之感，包括半人半兽的神像，马腹皮下显露出筋肉，血管仿佛仍在流动着，那种富有生命力的气氛，也许正是古希腊雕刻的魅力所在。

涅内伊德（Nereids）碑像，是在土耳其西南部发现的有希腊和波斯影响的小型建筑（约公元前380年）。其中本来应有仙女涅内伊德雕像的，但残损严重，也无法辨识了。这一建筑几乎全部放在英国博物馆中，这是在三层高台上建

2-31 涅内伊德碑亭下部浮雕 前380年

成的碑亭,顶上是希腊式建筑中常见的三角形山墙,下面有四根列柱,柱头是爱奥尼式。亭中只有数身残缺的雕像,雕像的动态和衣纹的表现,与巴特农神殿的雕刻一脉相承。在台座的四面都有浮雕人物,表现的是战斗的场面,动态和力量的表现,正体现着希腊艺术的精神。

一部分希腊雕刻来自于墓碑或纪念性雕刻,这些作品表现出和谐静谧和优美的一面,站立在台座上的优雅的女神、手持横笛在吹奏的男人、躺在石头上小憩的青年、出浴的女子、手持弓箭的小天使等等,静态的美,流露出一种温馨的情调。这一方面的艺术,差不多就是欧洲古典美术所承继的主体精神了。

古希腊大量的彩绘陶器,又把我们带入了另一个世界。早期的陶瓶是单纯而质朴的,一个约公元前530年的陶瓶上面绘有一个奔跑的裸体人物,一条腿向前迈出,强烈摆动的手势似乎让人感受到奥林匹克的精神。这一人物造型是较有代表性的,运动和力量感就是古希腊艺术一贯的主题。公元前5世纪以后到公元前2世纪左右,是希腊陶器艺术高度发展的时代,除在希腊本土制作外,还有相当一部分为后来的罗马所造。

2-32 古希腊神殿立柱雕刻 约前410年

2-33 涅内伊德碑亭 前380年

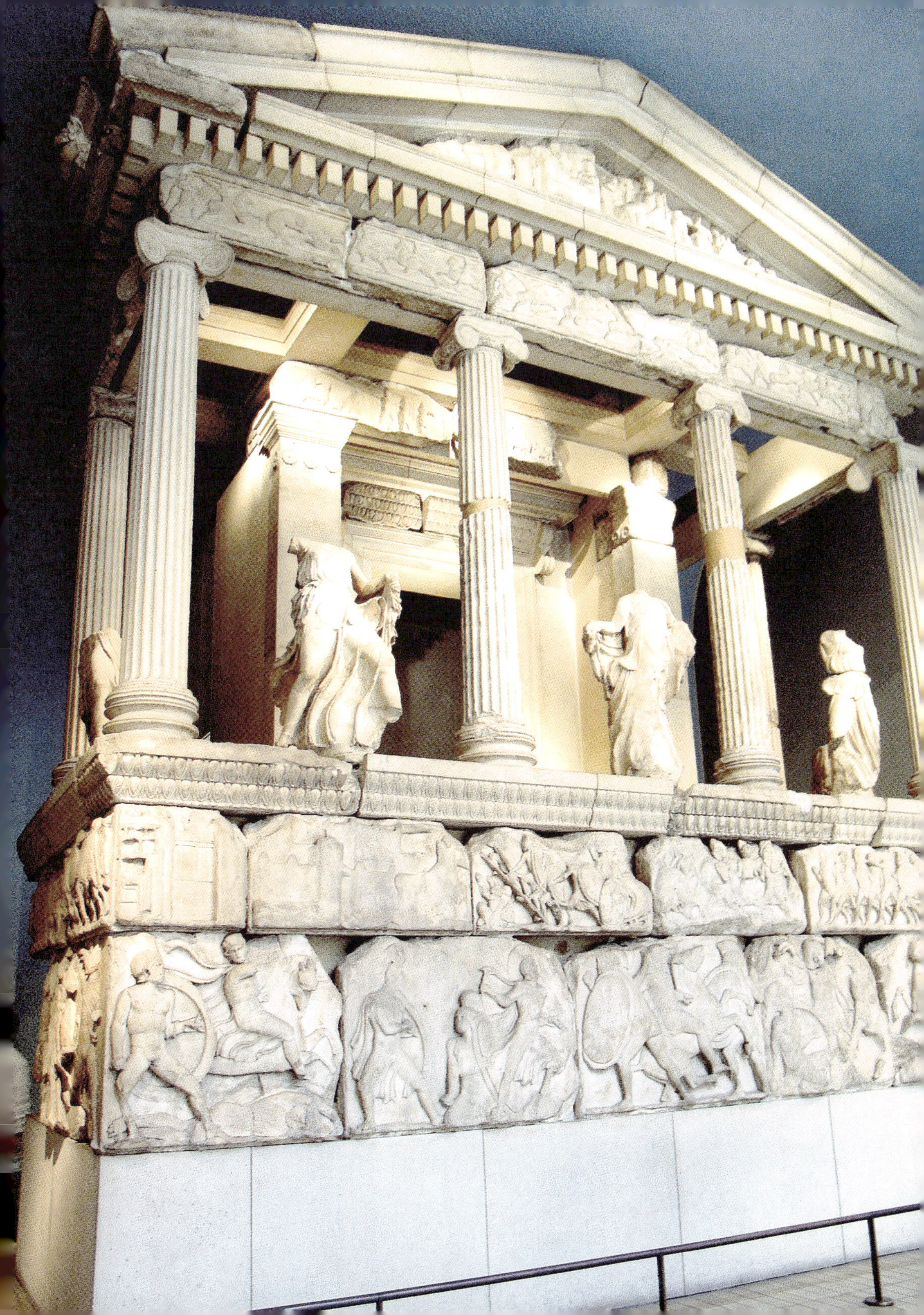

2-34 古希腊雕刻祭司像 前500年-前480年

2-35 阿波罗头像 2世纪

2-36 古希腊雕刻人像 前4世纪

这些陶器作为盛水或别的容器,就陶器本身来讲,似乎也没有什么特别,但彩绘内容的丰富,造型的精美却是引人注目的。时代较早的,有一些人头鸟身,人头兽身等神灵的形象,似乎可以看出古埃及和近东的影响。后来就趋向于写实,有不少描绘的是古希腊的神话故事,也可以看出古希腊的生活状况。有不少彩陶让人感到似乎不是实用性的,而是专门为了彩绘制作的。从陶器上的彩绘艺术来看,古希腊曾经也是很流行以线描造型的,以简洁而流畅的线条,明确地表现出人物形象的特征,使我看到了东西方绘画中的相通之处。事实上,古希腊绘画中表现人物的衣纹以及植物纹装饰的一些样式(如莨苕纹样),可能就在一定程度上影响到了中亚和中国西部等地。

文明的穿越
——世界四大博物馆巡礼
076

2-37 古希腊彩绘瓶 前5世纪

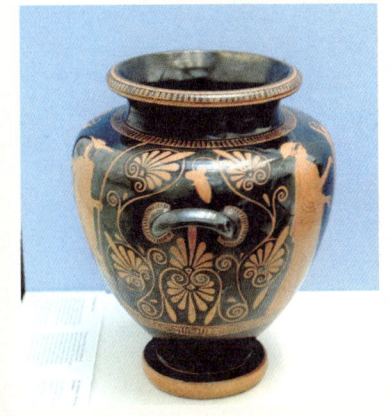

2-38 古希腊彩绘瓶 前5世纪

2-39 古希腊彩绘盘 前5世纪

2-40 古希腊双耳瓶 前530年-前525年

英国博物馆
077

六、古印度文明

古印度文明与古埃及、古巴比伦和中国文明并称世界四大文明，对人类文化的发展做出了巨大的贡献。对于中国的观众来说，说到印度就会想到佛教，想到玄奘取经。产生于印度的佛教成为世界影响最大的三大宗教之一，并对中国文化产生过深远的影响。但尽管中国与印度的文化有着如此密切的关系，中国人对印度文明却知之甚少。除了政治方面的原因，主要恐怕还是因为曾经联系中印文化纽带的佛教在印度的衰落。印度在近代的数百年间成为了英国的殖民地，所以现在的英国与印度关系较密切，而印度文明中很多顶尖级的艺术品也有相当部分被带到了英国，成为这座博物馆的重要藏品。

当我进入印度馆时，使我非常吃惊的是，有一个专门的展厅，展出的是南印度早期佛教雕刻的代表——阿玛拉瓦蒂(Amaravati)大塔雕刻。阿玛拉瓦蒂是印度早期佛教雕刻三大流派之一，北方是以受到古希腊罗马影响的犍陀罗地区为代表的雕刻，中部是以印度文化的核心地区马图拉为中心的雕刻，南方则是以阿玛拉瓦蒂为中心的雕刻。研究者认为阿玛拉瓦蒂位于南部，没有受到诸如犍陀罗等外来的影响，从某种意义上说，更具有纯粹的印度本土风格。阿玛拉瓦蒂大塔始建于公元前2世纪，但直到公元1世纪至公元2世纪时仍在扩建和增修，阿玛拉瓦蒂的盛期，正是印度佛教大师龙树在南印度开创中观派的时代，因为龙

2-41 阿玛拉瓦蒂大塔浮雕之一 2世纪

2-43 阿玛拉瓦蒂大塔浮雕之三（佛传故事） 2世纪

2-44 佛传故事局部（释迦诞生） 2世纪

2-42 阿玛拉瓦蒂大塔浮雕之二 2世纪

树与安达罗国王是密友，他在南印度的影响是非常大的，因此阿玛拉瓦蒂大塔的后期建造应与龙树有相当的关系。

阿玛拉瓦蒂大塔在1797年以前一直保存完好。但由于佛教在印度已经衰落，大塔也就无人管理，并被人不断拆毁，1816年彻底坍塌。经考古学家的抢救，才使部分雕刻幸免于难。1845年至20世纪初，在大塔的原址上发掘出了五百余件浮雕，大部分收藏于印度的马德拉斯政府博物馆和英国博物馆。

在印度佛教早期，佛塔崇拜是一项重要的内容，我们已知的就有山奇大塔、巴尔胡特大塔等。阿玛拉瓦蒂大塔从规模上与前二者足以媲美，而在塔的形制上又与前二者稍有不同，比如在塔的四面的塔门向外凸出，在门上还有五根直立的石柱，显示出地方的文化差异。从材质上看，阿玛拉瓦蒂雕刻与马图拉不同，是用一种白色或白绿色的石灰石雕刻的，虽然比马图拉的红沙岩要硬一点，但据现存情况来看，显然也风化得十分严重了。精彩的雕刻一般都是装饰在大塔的围栏部分。雕刻的内容有佛陀的故事，包括佛的前世和今生，还有世俗的人们拜佛的场面。有的雕刻中以圣树、佛座和佛足印来象征佛像，这是因为在佛教早期还反对偶像的表现，雕刻中不能刻佛像，而要用一些象征物来代替。但在另一些雕刻中，又明确地

2-45 萨尔那特雕刻佛像
5世纪-6世纪

2-47 犍陀罗雕刻 尸毗王本生 2世纪

2-46 犍陀罗雕刻佛像 2世纪-3世纪

雕刻出佛像来,说明是不同时代的作品。

阿玛拉瓦蒂雕刻的特点在于动态的流畅与身体柔美,不像马图拉和巴尔胡特雕刻的那种质朴而略显笨拙的表现,而是一种精致、细腻的精神。作者十分擅长于表现众多的人物形象,组合成富有韵律的画面,不同人物的动态和神情,在统一中的变化等等分寸的掌握,达到了极高的水平。而单独看人物的表现,又注重人物动态形成的肌体的变化,人的行动往往有一种舞蹈的特点。如佛教故事释迦诞生,表现摩耶夫人手攀无忧树,释迦牟尼就从她的腋下降生了。摩耶夫人身体弯曲成S形,表现出一种美的韵律,使人感受到印度传统艺术的精神。后来的印度教艺术的雕刻中,恐怕更多的是从南印度这一体系中发展出来的。

古代的犍陀罗在北印度,包括今天的巴基斯坦和阿富汗的部分地区,在佛教兴盛的时代,从印度本土发展到了犍陀罗地区及整个中亚,又由中亚传入了中国。犍陀罗地区曾经被罗马帝国占领,深受古希腊罗马文化的影响,其雕刻艺术也受古希腊的影响,注重写实,人物多卷发,穿厚重的衣服,衣纹表现具有质感,与

2-48 宝石镶嵌金舍利盒 1世纪-2世纪 　　2-49 塔克西拉出土菩萨头像 5世纪-6世纪　　2-50 尼泊尔鎏金观音菩萨像

南印度的雕刻完全不同。犍陀罗的佛教雕刻更具代表性的是对佛教故事的表现，有不少经典性的作品，如尸毗王本生故事、佛传故事中的儒童布发、乘象入胎等。出自于犍陀罗地区的一件金质舍利盒，也是佛教艺术的名品，这是在白沙瓦附近的毗玛拉昂出土的约为公元1世纪至2世纪的舍利盒，呈圆筒形，可能是仿照佛塔的样子。在圆筒的周围浮雕出一个一个的圆拱门，每个门内站有一人，分别表现的是佛和帝释天、梵天及菩萨和供养人。在这一圈人物的上下部又分别镶嵌着红宝石。这个舍利盒不仅因金质镶宝石而名贵，更因为它的造型反映了古希腊艺术的影响而成为早期佛教艺术的重要作品。

公元4世纪至公元5世纪，印度进入笈多王朝时代，这时的佛教艺术在马图拉艺术的基础上发展出较有印度本土特色的造型，萨尔那特佛像就是这一时期的代表。博物馆中陈列着两件笈多时代的佛像，一件为坐姿一件为立佛，衣服薄而贴体，到了没有衣纹的程度，这是印度式的表现手法，在中国唐代的龙门石窟等地也一度出现过，如龙门石窟初唐洞窟中的所谓"优填王造像"，就是这种风格的表现。

大约在7世纪以后，印度教在印度逐步兴盛，渐渐取代了佛教的地位。印度教

2-51 印度教雕刻 诃里诃罗 约1000年

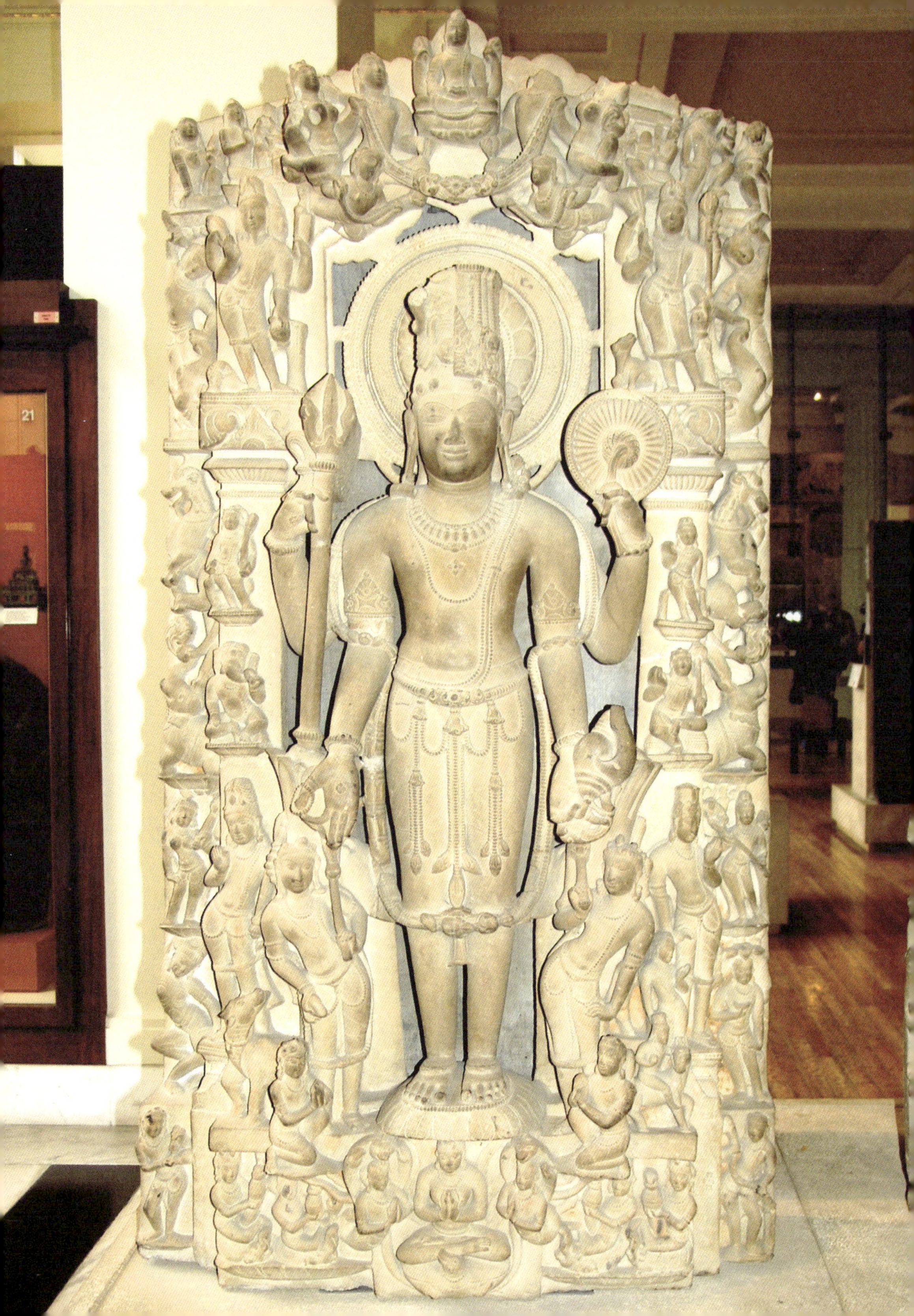
21

雕刻也是印度文化中最具代表性的艺术，印度教雕刻中表现较多的是印度教守护神湿婆（Shiva）和毗湿奴（Vishnu）形象。还有的表现湿婆与毗湿奴的合体诃里诃罗（Harihara），如一件约为公元1000年的印度教雕刻中，诃里诃罗有四臂，分别持法器金刚杵、莲花、念珠、法螺，周围有众多的天人。印度雕刻发展到盛期，以表现强烈的舞蹈感和轻盈的动态而著称。印度教的神像似乎就为这一特色提供了条件。因为湿婆就是舞蹈之神，他的男女侍从也都表现出舞蹈的动态，特别是女性的表现，不像早期马图拉雕刻那样仅仅是以丰乳肥臀来表现性感，而是在丰乳细腰的同时，表现一种轻盈而灵动的体态，使观者神思飞扬，充满了轻松愉悦的心情。铜造的舞王湿婆是印度教艺术的经典之作，有很多作品流传下来。博物馆所藏的一件出自南印度，约为1100年。湿婆也有四臂，左腿向右抬起，右腿微屈，两手分开，另外两手则合拢，舞姿十分优雅。

　　印度佛教在7世纪以后就在印度教的兴起中走下坡路了，尽管后期的佛教密宗接受了印度教一些思想来改造佛教，但也挽回不了没落的趋势。但在尼泊尔和东南亚等地，佛教仍然是主要的宗教，尤其是尼泊尔，对中国西藏的佛教有着决定性的影响。藏传佛教的铜佛就与尼泊尔古代的金铜佛像十分相似。如这里展出的一件尼泊尔的鎏金四臂观音坐像，在头冠、耳珰、璎珞、臂钏等处又镶嵌了蓝宝石和玛瑙，显得华丽无比。类似的铜佛像其实在中国的藏传佛教寺院中也较多见。佛教艺术传入斯里兰卡和东南亚之后，又与本地的艺术结合，形成了独特的风格，精致细腻的造型与夸张、诙谐的神态也令人称奇。斯里兰卡的一尊多罗菩萨像（Tara，又称度母）身体修长，上身裸，下着长裙，衣纹贴体，右侧胯部向外突出，显出别具一格的优雅姿态。

2-52　斯里兰卡的多罗菩萨像　8世纪

七、中国艺术珍品

在英国博物馆的藏品中,中国文物数以万计,但中国文物却与印度文物共用一个展馆,展出的作品极少,由于展出场地限制,如小型的雕塑和工艺品,好像是堆积在展柜里,其中却有不少是国内难以见到的珍品。

青铜器是中国商周时期最受称道的工艺了,这里展出的青铜鼎、尊等都不是规模很大的物件,大多为传世品,但也有一些制作精美的。而东周时期青铜制摔跤的人物,则是十分罕见之物。中国青铜艺术在商周时代达到很高的水平,但青铜器绝大多数为鼎、尊等器物,人物形象的表现极少,其实不仅是青铜器,在汉代以前的雕塑领域,除了俑以外,也较少看到人物形象。这一组摔跤人物中两人均为裸体,动作相对,一手向上抬起,一手在下,互相擒住对方的手,表现生动而有韵律。有人推测为支撑某种器物的四个基座之一,因为在别的地方也发现过类似的以人物为青铜器脚柱的例子。汉代的铜镜,表现骑马或乘车的人物可能是神话传说中的神仙,汉代神仙思想流行,人们相信经过修炼可以成仙,因此,在不少艺术品中都会雕刻或绘制神仙的形象。

2-53 观音菩萨像 北齐

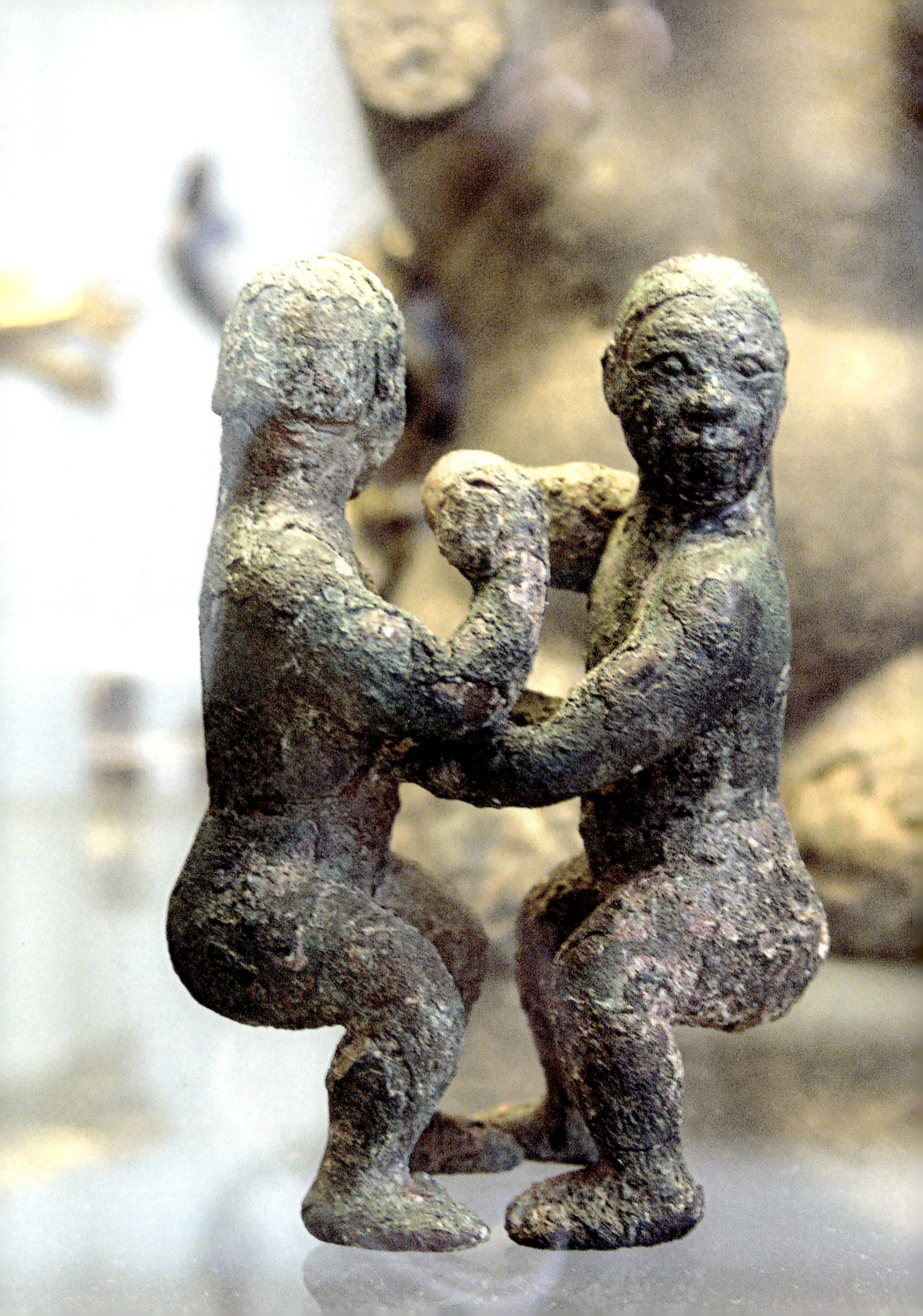

2-55 开化寺阿弥陀佛像 隋　　　　　　　　　　　　　　2-56 阿弥陀佛像（局部）

　　中国艺术中有几件大型的雕塑，主要包括北齐菩萨像、隋代佛像和宋辽时代的雕塑。北齐时代的观音菩萨像，不知出自何地，估计高度也有三米多。身体较直，双手已失，璎珞装饰繁多，神态雍容，与响堂山石窟雕刻风格相近。出自河北开化寺的大型阿弥陀佛像，为隋代之物，白色大理石雕成，高达八米。这样高大的雕像在展厅内都无法容纳，只好陈列在一楼到二楼之间的楼梯转角处。这身佛像双手已残，从残痕可知右手向上扬起，左手垂下，表现的应是施无畏印。他袈裟贴体，上身露出袈裟内的僧衣，垂下长长的带饰，表现的是中国式的佛衣，袈裟在腹前形成U型衣纹，这是典型的印度笈多艺术的风格。这种风格从北齐时代开始传入中国，隋代最为流行。在楼梯的一角，还展示着一件木雕水月观音像，应是宋代之物。观音菩萨呈游戏坐，右腿抬起，左腿垂下，右手优雅地放在右膝上，左手则按在身侧，类

2-54 青铜摔跤人物 东周

似的造像在其他博物馆也常见，而四川安岳石窟更有一身著名的水月观音（南宋）其坐姿与之仿佛。

在展厅中，还展出了出自河北省易县的辽代三彩陶制罗汉像，罗汉气宇轩昂，结跏趺坐，表现出禅修的意境。罗汉像高127厘米，在三彩陶中是十分难得的大型作品。罗汉是通过修行而得到佛性的最初阶段，佛经所说修得阿罗汉果，就是指成为了罗汉。那么，罗汉已经成为了天界的一员，但又因为罗汉是普通僧人长期修行的结果，所以罗汉的形象仍保持着普通僧人的样子，而不像菩萨、天王等完全是与俗人不同的形象。因此，罗汉像对于普通民众来说是可亲可近的。罗汉像在中国五代以后就逐渐流行起来，不论是雕刻还是绘画中都出现较多，而以三彩陶的形式制作如此大型的雕塑，却是非常罕见。寺院里的罗汉像通常都是成组地出现，有十六罗汉、十八罗汉、五百罗汉等说法。与这件罗汉成组的三彩罗汉像还有九件，分别流落到美国、法国、英国和日本，可知当初的雕塑应该有十六或者十八件。在罗汉像的后面陈列着出自山西的明代大型壁画，这是寺院壁画的一部分，高达4米多，由于分割成小块搬运，现在可以明显地看出一米见方小块的裂痕。壁画表现的是四身菩萨立像，作行进的姿态，衣饰飘带较多，线描流畅，色彩丰富。第一身菩萨手执拂尘，回眸一笑，神态自如。第三身菩萨身体飘逸，衣纹流畅，颇有"吴带当风"之意。

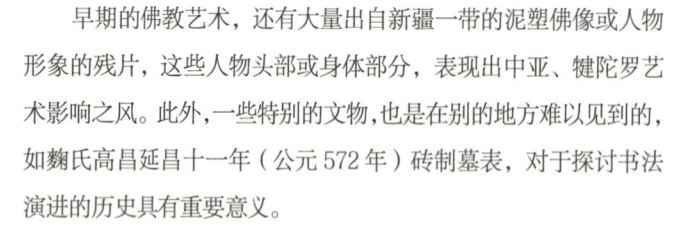

2-57 水月观音像 北宋

早期的佛教艺术，还有大量出自新疆一带的泥塑佛像或人物形象的残片，这些人物头部或身体部分，表现出中亚、犍陀罗艺术影响之风。此外，一些特别的文物，也是在别的地方难以见到的，如麴氏高昌延昌十一年（公元572年）砖制墓表，对于探讨书法演进的历史具有重要意义。

一件石刻画说法图，可能是初唐的作品，石刻为半圆形，可能最初是镶嵌在门楣上的，虽然是雕刻的作品，但因为是平面的

2-58 三彩罗汉像 辽

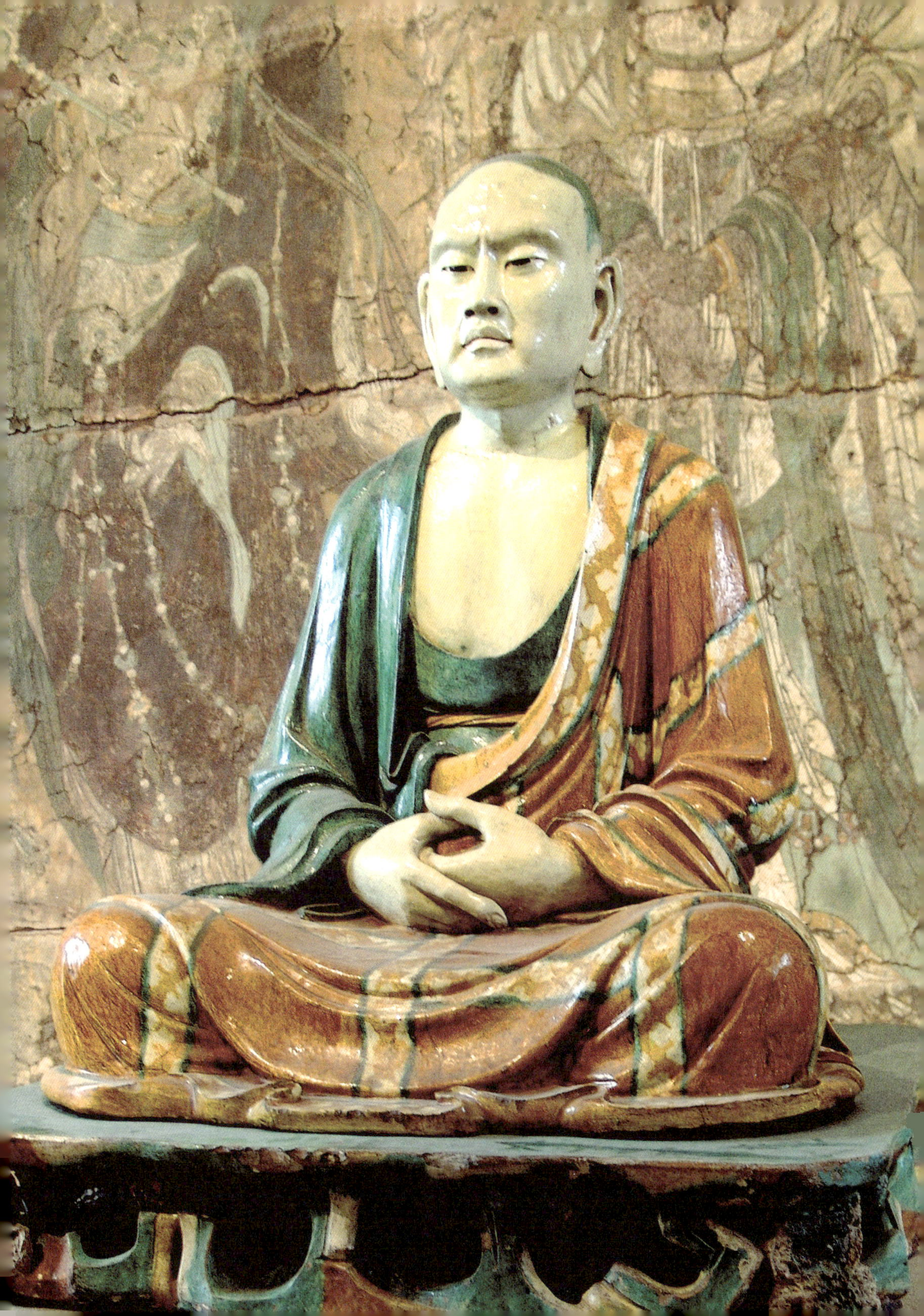

2-60 石刻说法图 唐

线刻,还是具有较强的绘画特征。画面上部为佛在菩提树下说法的场面,两侧有二弟子侍坐,两旁众多菩萨或坐或立。最有意思的是下部分为八个方格,中央两格中各有一人跳舞,两侧的方格中分别表现演奏乐器的天人,右侧为箜篌、笙、钹,左侧为琵琶、横笛、箫。这场面与唐以后的所谓净土变一致。只是净土变中一般是把乐舞形象画在佛说法场面中,而在这里乐舞却与说法场面分隔开,可以看作是净土变初期的形式吧。石刻最下部有一排联珠纹装饰。这也是隋到初唐时期流行的装饰纹。

2-59 明代壁画

英国博物馆收藏的中国瓷器是十分有名的,但这里展出的极少。宋代的青瓷和白瓷,仅有少量的陈列,南宋建窑的黑瓷也有一些展出,明代官窑的红釉瓷和白瓷,让人爱不释手。

中国名画中,最引人注目的就是传为顾恺之的《女使箴图》,虽然学术界都公认它是一幅临摹品,但什么时代临摹的,就很重要。从画中各种印章款识来看,学者们倾向于认为其临绘时间不晚于唐代。而且,在很大程度上保持了六朝绘画的风格特征,应该是研究六朝绘画的重要参考。此画为绢本着色,长349.5厘米,高25厘米,内容依据张华《女使箴》而绘。顾恺之是东晋时代

2-61 宋代瓷器

文明的穿越
——世界四大博物馆巡礼
090

2-62 传顾恺之《女使箴图》（局部）

2-63 《仿李公麟华严经变相图》（局部）

最著名的大画家，那个时代是中国绘画兴盛的第一个高峰期，帝王贵族们都开始收藏绘画作品，绘画高手深受推崇。当时也是佛教开始流行的时代，由于寺院装饰与宣传的需要，绘制壁画制作佛像也成为艺术家们显示才艺的重要场所。顾恺之曾在瓦官寺画维摩诘像，画完之后"光照一寺"，前来观看者络绎不绝，引得无数的信徒争相施舍捐钱，一时传为佳话。可惜今天已经看不到顾恺之画的壁画了，但却有几件代表性的作品流传下来，除了英国博物馆藏的《女使箴图》外，还有《洛神赋图》（北京故宫藏）等。虽然这些作品都是后人临摹的，但其中仍然可以看出那个时代绘画的风格特点，对于研究中国绘画史具有重要的价值。

展厅中一幅《仿李公麟华严经变相图》的长卷，为明朝绘画长卷，展出的部分就有七八米，但还有部分未展开，是以白描的手法表现卢遮那佛与众眷属出行的场面，前面又有山神、地神等作迎接之状。完全用白描画出，线条流畅自然，颇有特色。另有一幅明朝画家尤求所画的《葛洪移居图》，也是一幅横长的手卷，表现葛洪搬家的情景，主要还是表现山水景物，特别是树木等近景表现颇得宋人之意，卷末有吴湖帆题跋。总之，中国馆的展品虽多，展出的设计似乎并未花太大的功夫，展品说明也较简略，反映了这个博物馆中，对中国艺术的研究还是较薄弱。

八、敦煌瑰宝

　　英国博物馆的中国藏品有一项重要内容就是敦煌艺术。1900年,在中国西北的敦煌,一个堆满了古代文物的小型石窟被一个叫王圆箓的道士发现了,这个洞窟后来称为藏经洞,里面有数万件经籍文书,还有大量的丝织品、绘画等。由于满清政府的腐败,当地政府没有采取任何保护措施,王道士便偷偷把这些经卷拿来到处送人,或者换一点钱财。这时,受英国支持的探险家斯坦因(Aurel Stein)正在中国新疆一带大肆盗掘文物,当他得知敦煌发现了古代文书,就于1907年5月专程赶到敦煌莫高窟,通过与王道士讨价还价,给了王道士一点钱,就掠走敦煌文书一万多件,敦煌绢画(包括布帛画、幡等)艺术品数百件。1914年斯坦因第二次到敦煌,又从王道士手中买走了一批古代写本。敦煌珍贵文物被带回英国后,敦煌文献主要存放于英国图书馆,而绢画等艺术品则存放于英国博物馆。这些绢本和纸本绘画时代为唐、五代至宋代,有的还有明确的文字题记,记录了绘画的年代,其内容多为佛教的经变画、故事画以及单体的佛、菩萨、天王等形象。中国传世本绘画中,已经很难找到唐、五代的真迹,而在包括故宫在内的一些博物馆所藏的被认为是唐或五代的绘画中,往往真假参半,较多的还是后代临摹、仿制之作,这些都给中国绘画史的研究带来极大的困难。敦煌绘画的发现,提供了数量极为可观的唐、五代、

2-64 敦煌绢画《引路菩萨》 唐

2-65 敦煌绢画《说法图》 唐

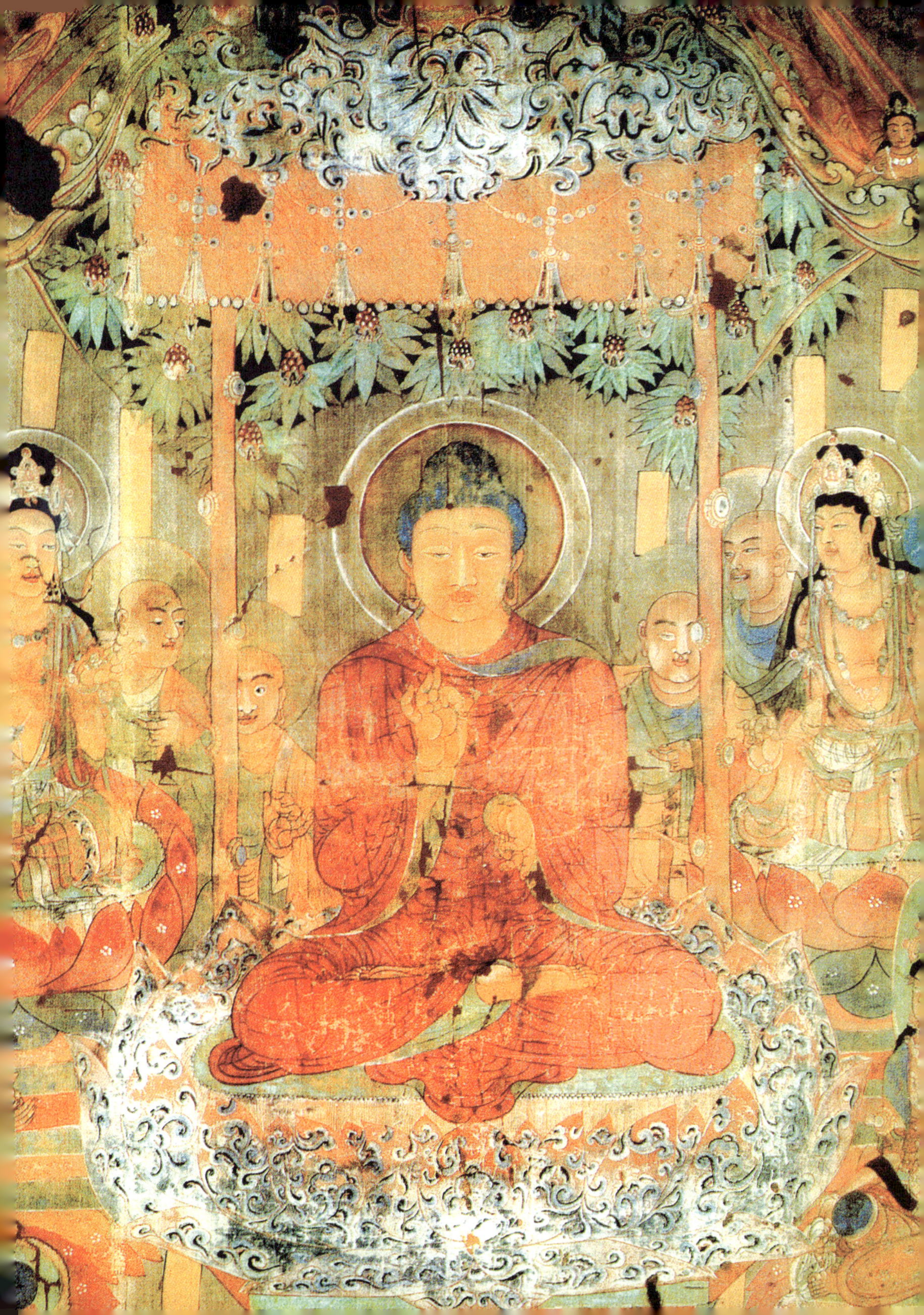

宋代绘画最真实的标本，其价值是不言而喻的。

唐代的树下说法图，表现佛在树下说法，弟子、菩萨们侍立于两侧，佛、菩萨等形象庄重而富有个性，而画面上鲜艳的色彩，更是我们在传世的所谓卷轴画中很难见到的，这些人物面部的色彩晕染表现出印度式的"凹凸法"遗风，说明唐代的绘画很重视色彩的表现。人物身体比例适中，众多人物在画面上的布局，都体现着画家的艺术水平。

敦煌发现的唐代《引路菩萨》绢画有好几幅，大体是表现人死后，由菩萨引路走向天国的情景。雍容华贵的观音菩萨一手持莲花和幡，一手持香炉，双足踏莲花，缓缓地行走在云中，身后一世俗妇女头梳高髻，身着华丽的服装，双手笼于袖中紧跟在后。在画面的左上方画出彩云中的楼阁，象征着净土世界。这样的引路菩萨，在唐代应该是很流行的，有时画家可以先画出菩萨的形象，然后根据死者身份的不同，再画出跟随菩萨的人物形象。

2-66 敦煌绢画《佛传》（局部） 唐

还有几幅小型的敦煌绢画精品，也是令人着迷的。一幅是《佛传》残卷，最初可能是经变的一部分，按唐代的经变，中央是表现佛说法的场面，主要以佛国世界的宫殿建筑为主，两侧以条幅的形式表现相关的故事。这件佛传故事可能就是一幅大画侧边的条幅，现存只有很小的一部分了，有三个场面，上部是悉达太子骑马逾城以后，向山中而去，将白马交付给他的马夫犍陟带回，表明他要出家的决心。第二个画面是悉达太子剃发为僧的情景，有五人跪在跟前，表现的是最初的五个弟子。最下面有一部分已残破了，表现释迦牟尼在山中苦修的场面。他的头上都被鸟筑成了鸟巢，表明修行时间之久和用心之专注。这些画面中，人物穿的完全是中国式的服装，而最有价值的是，背景是以青绿山水来表现的，使我们了解了唐代山水画的真实面貌。画史中记载唐代画家李思训擅长于青绿山水画，实际上就是着色的山水，因为五代以后水墨山水画流行起来，并渐渐成为山水画的主流，过去那种有色彩的山水画就比较少见了，如果有就称为"著色山水"，或者称"青绿山水"，因为山水画中较多使用的是蓝（青）色和绿色。宋代以后，唐人画的那种青绿山水逐渐失传，宋元时期虽然仍有不少画家尝试着画青绿山水，但与唐人的完全不同，是后人想象出来的青绿山水。所以，当我们看到唐人真迹时，才知道原来宋代以后的画家们已经不太懂得唐人的青绿山水了。这幅唐代的佛传图中，不仅用青绿色画山水，其中也可看出水墨的一些笔法，说明是盛唐后期水墨山水已经出现之后的产物。一幅金刚力士像残片，以粗犷的笔法，夸张地表现力士睁圆眼睛，张口大呼的神情，半裸的身体，突出地表现出肌肉的张力。尤其是表现身体不同部位所用的线描，富有质感，天王半裸的身躯，以色彩辅助晕染出肌肉的立体感，体现出形神兼备的精神。

绢画《行道天王图》，表现天王及眷属行进在大海碧波之上，威风凛凛的天王左手前伸，在手上冒出的彩云上部托着宝塔，右手持长戟，戟梢上挂着幡。天王身上的铠甲和足上的鞋子有贴金，显得华丽无比，天王前面一个天女双手托花面向天王。托宝塔的天王一般是毗沙门（北方）天王，这幅画表现的是天王信仰。敦煌绢画的内容大多与敦煌石窟壁画的内容相关，那些经变画、故事画也同样是壁画中所常见的。但有一些是在法会时作为画幡使用，或者还有别的功能是壁画中没有的，这些又成为敦煌壁画的补充，而且绢画因为质地与壁画不同，对于我们认识当时绘画的特点，又是一个补充。

此外，从敦煌藏经洞出土的还有一些纸本的白描画也十分精

2-67 敦煌绢画《金刚力士》 唐

2-68 敦煌绢画
《行道天王》 唐

2-69 敦煌白描画《牵驼》 宋

彩,一幅唐代高僧像白描图,表现了正在禅修的高僧形象,联系起敦煌壁画中的高僧像,或许,这幅画就是当时画家的底稿。还有一幅胡人牵驼的白描,看来是绘画练习之作,但寥寥数笔,就刻画出人物与骆驼的神态,反映了画家还是颇有功底的。这幅白描画中还有不少与此画无关的字迹,从正反两个方向写的,内容重复,还出现了"大宋乾德四年(公元966年)""勒归义军节度使曹元忠"等字样,曹元忠正是五代到北宋期间的归义军节度使,管辖敦煌(沙州)和瓜州一带的统治者。对于这件作品,一说为唐代绘画,宋代用来练习毛笔字。也有可能相反,先用来练习写字,后来就用来练习绘画。因为这幅画也是一个练习的画稿,并非完善了的作品。若是在写过字的废纸上练习画画的,那么,这幅画肯定是宋代的了。

在展厅内最吸引人的还有一件唐代巨幅刺绣《灵鹫山说法图》,这也是斯坦因

2-70 古代的粉本
五代

当年从敦煌藏经洞掠走之物。这是一幅高241厘米，宽约150厘米的刺绣作品。释迦牟尼佛背靠着山岩而立，两侧是二弟子二菩萨像，上部有二飞天，下部右侧为男供养人数身，左侧为女供养人。从供养人的服装来看，大约是唐前期的形式，有关研究者推测时代为7世纪下半叶到8世纪初,估计不会晚到8世纪的。作为一件古代刺绣作品，这可说是十分难得的巨作了，在中国纺织刺绣的历史上占有十分重要的地位。而作为美术品，它所包含的图像意义以及各种宗教的历史的内涵，更是值得深入研究的。

  由于英国博物馆东方部的负责人司美茵女士的帮助，我们得以进入收藏敦煌绘画品的库房参观，了解到敦煌的绘画品不仅有大量的幡画和大型经变画、故事画等，还有各种形式的纸本绘画，有些像连环画一样的小册子，有些线描可能是壁画的底稿。我们还看到了古代绘画用的粉本，所谓粉本，是画家们用的一种画稿，沿着线描的位置刺孔，然后用这个有孔的画稿复制在墙壁或者复制在另一张纸上，沿有孔的地方扑上有颜色的粉，这些粉透过孔眼落到墙上或者另一张纸上，形成一个个点，画家就根据这些点连成线，就可看到完整的形象了。在没有复写纸和复印条件的古代，画家们就是通过粉本把纸上设计好的图像"复印"到墙上的。而在过去，我们仅仅是从文献上知道古代有粉本，粉本到底是什么样子，则没有谁见过。敦煌文物的发现，才使我们得见真正的唐代（或五代）粉本。

2-71 敦煌刺绣
《灵鹫山说法图》
盛唐

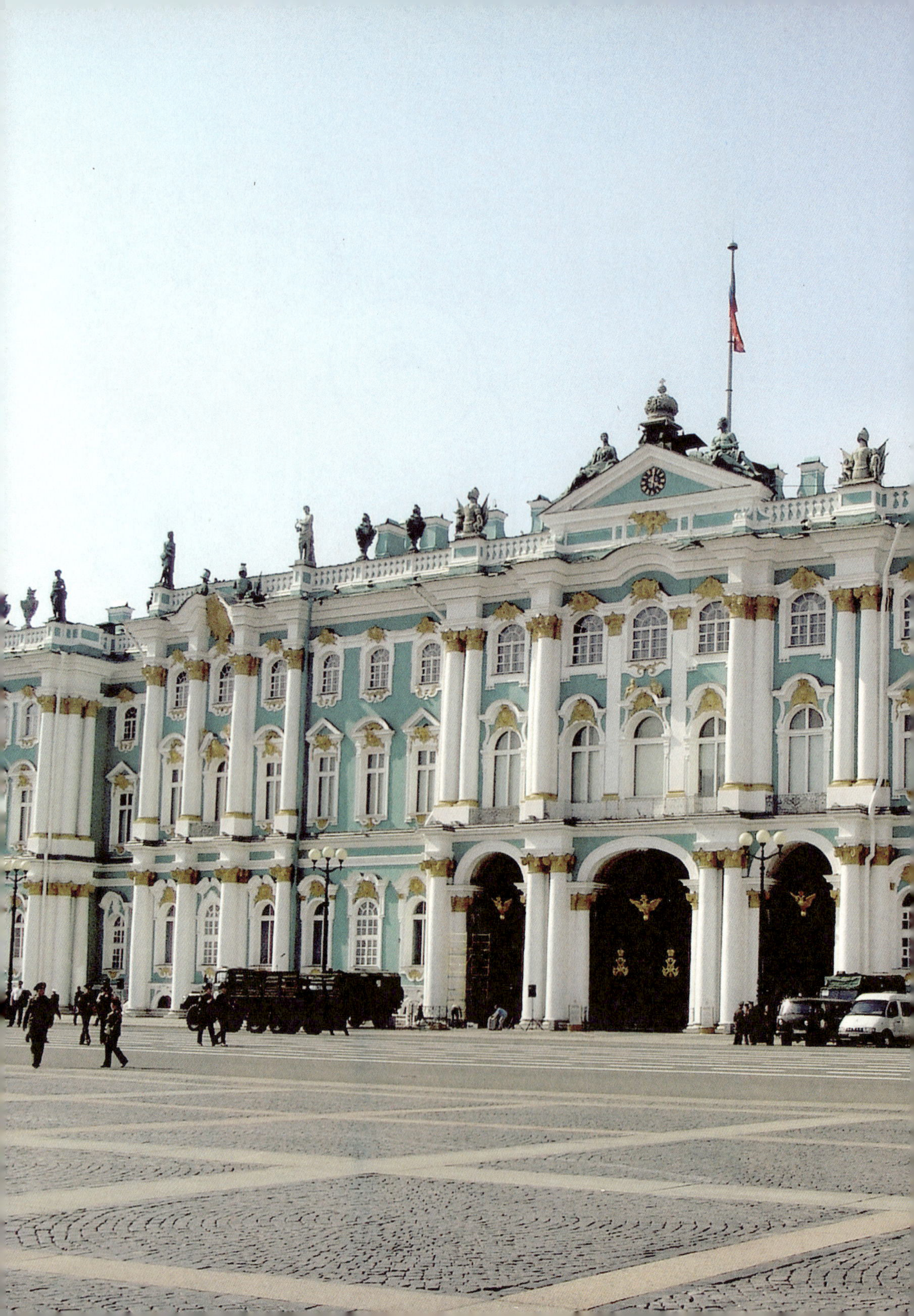

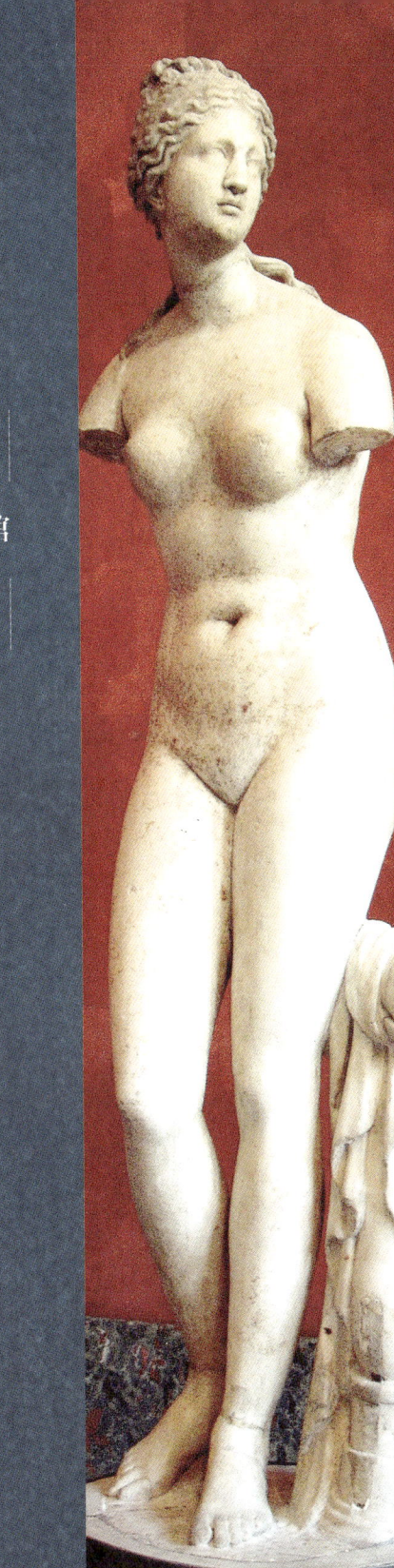

冬宫博物馆

一、初到圣彼得堡

3-1 涅瓦河边远眺冬宫

　　清晨的圣彼得堡。涅瓦河静静地流着，河面上漂浮着大大小小的冰块，寒风拂面，使人感到依然是冬天。在艺术学院的大门前，涅瓦河边卧着两座狮身人面像，看着河水千百年依旧不停地流淌。沿涅瓦河向前，就看到冬宫桥，桥的对岸远远可望到浅蓝色的宫殿，那就是著名的艾尔米塔什——冬宫博物馆。

　　大河在这里形成一个三角洲，向右流去的河面较小，称小涅瓦河，向左去的河面较宽，称大涅瓦河。这个三角地带成为圣彼得堡的中心地段，也是军事上的要塞。在三角洲稍上游的地带有一个人工的小岛，这个岛就是彼得保罗要塞，最早建于1703年彼得大帝的时代。那以后一直是俄罗斯的海军重地，据说，只要守住要塞，外国的海军就不可能越过它而进入圣彼得堡城内，更不能再深入俄国的其他地方。彼得保罗要塞建设得像一个小城堡，沿河岸边的城堡巍然，城堡内有很多炮台，颇

3-3 涅瓦河畔的彼得保罗要塞

3-4 彼得保罗要塞的大炮

3-2 彼得保罗大教堂

有一种"一夫当关万夫莫开"的气派。至今在要塞的后部还保存着弹药库，其中数百年来各式各样的炮、坦克直至初期的导弹，都展示在路边，让人感受到俄国军事发展的一段历史。

而令人吃惊的是在要塞之中，还有一座独特的教堂——彼得保罗大教堂，教堂的占地面积不大，却有一个直冲云霄的尖塔，在远处就能看到。教堂的外墙完全是黄色的，与金色的尖顶相辉映，在阳光的照耀下熠熠生辉。

把教堂与军事设施连在一起，战争与和平，这一对矛盾物就这样自然地统一起来了。

二、冬宫的来历

3-5 冬宫广场

艾尔米塔什（Hermitage）位于圣彼得堡的涅瓦河畔，最初兴建于1754年至1762年，是由法国建筑师按西欧的风格建造的。1762年彼得三世及皇后叶卡捷琳娜将王宫迁移至艾尔米塔什（"艾尔米塔什"这个词源于法语，意为远离尘世的地方），称为冬宫，此后，冬宫便成了俄国沙皇的官邸。在后来的岁月里，各代帝王又根据个人的爱好在内部作了很多改变，并在冬宫旁陆续增建了小艾尔米塔什、老艾尔米塔什和新艾尔米塔什，形成了一组相连的建筑群。1837年一场大火，使宫廷内部的装潢毁于一旦。19世纪末到20世纪初开始大规模地复兴，部分地恢复了当年的面貌。十月革命以后，1920年至1950年间，苏联政府把冬宫改建成了博物馆。尽管经历了二次世界大战，冬宫建筑和收藏品不断遭受破坏和损失，但至今仍收藏有270万件藏品，其中有绘画1.5万幅、雕塑1.2万件、各类钱币一百多万枚以及各类文物及艺术品一百多万件，是世界上少有的大型综合博物馆。

3-6 冬宫-约旦厅

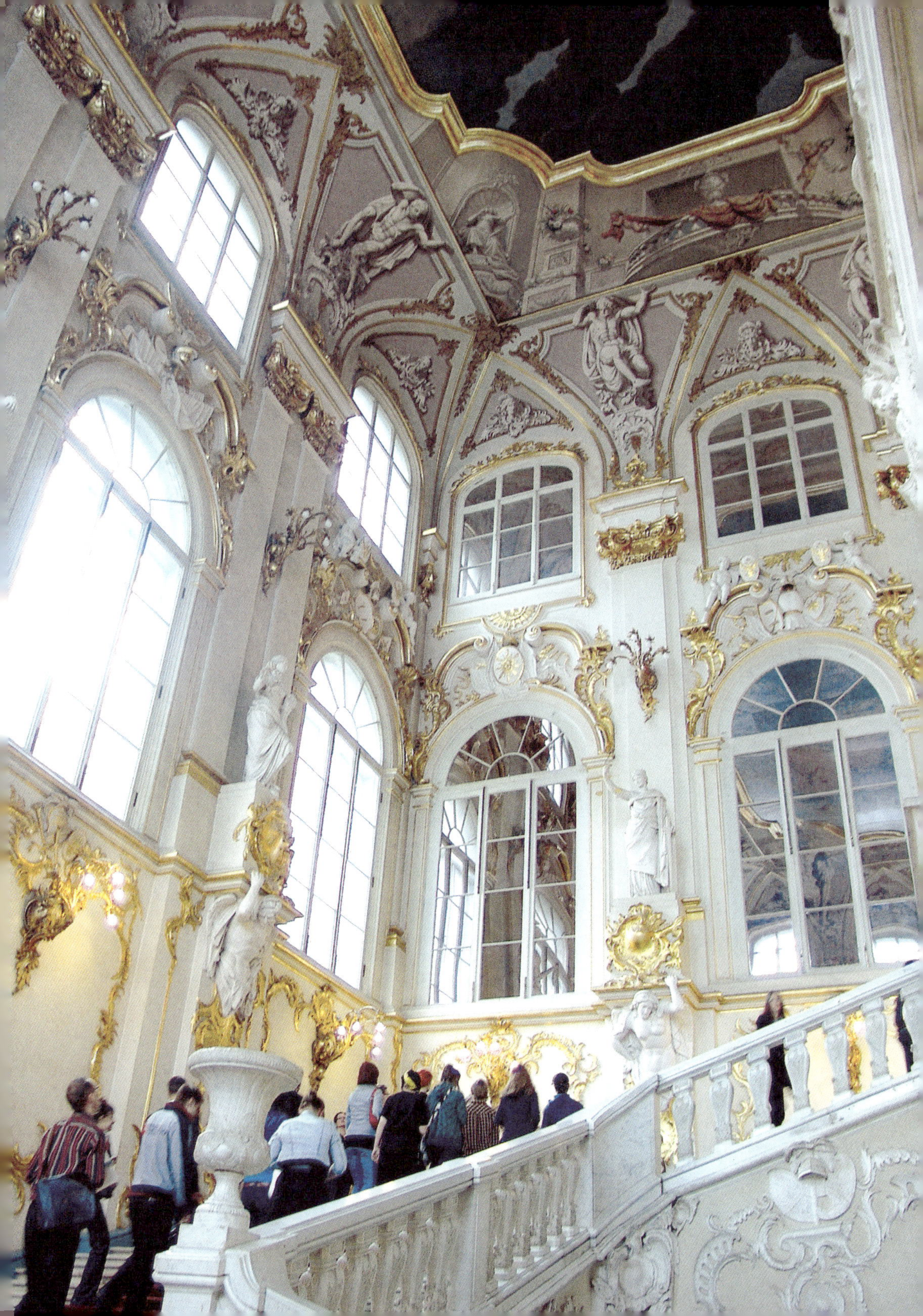

3-7 冬宫外景之一

3-8 冬宫外景之二

冬宫博物馆有九万平方米，厅室1057间，展示走廊加起来将近20公里长。再加上丰富无比的展示品，进到冬宫真令人眼花缭乱，不分东西。这里卖的导游手册《冬宫博物馆》除了俄文版外，还有英文、法文、日文和中文版。不过，也许是这个博物馆可介绍的东西太多了，即使是看着导游手册来参观，也不一定能把握其条理，仍然是云里雾里。

其实，这个博物馆的看点有三个方面，第一是建筑，因为本身就是宫殿，其建筑设计的思路及体现出来的精神、意匠就是值得欣赏和玩味的。第二是雕塑及工艺，从古希腊罗马到近现代，多少艺术家的精美作品留在其中，此外，那些古代陶瓷、精雕细琢的金属工艺、大理石及玉石的工艺制作，也是令人难忘。第三是绘画，各时代的绘画名作多不胜数，对于从事美术工作的人来说，这部分可能是最吸引人之处。

约旦厅是进入博物馆的第一个厅，是上楼的过厅。这是巴洛克式的建筑，据说顶部所绘的《奥林匹斯》为文艺复兴时期的大师提香之作。不过经过了战火后复原的，恐怕已不是提香原作。楼梯的栏杆为白色大理石制成，墙边的柱子上都有与奥林匹斯相关的希腊神话中人物的雕塑，二楼上的列柱为黑色大理石圆柱，与白黑的墙体

3-10 作者在冬宫(2009年)

形成对比,而墙体与列柱的柱头等部分则用鎏金装饰,显得十分豪华。

彼得厅,被称为"小金銮殿",是为纪念彼得大帝而修建的,圆拱形的屋顶,官内拱形的门,希腊式列柱,以及镀金的装銮,体现着皇家的气息。大厅正面是一幅油画,表现的是彼得大帝与雅典娜女神。大厅现在还保存着安娜·伊诺安诺夫娜女皇的宝座。

圣乔治厅,称为"大金銮殿",乃是沙皇在此与众臣议事之处,当然也是冬宫的心脏。此厅建于1781年至1795年间,为叶卡捷琳娜大帝在位之时,叶卡捷琳娜不喜欢巴洛克风格,因而采用了古典主义的风格建成。不过这间殿堂经1837年大火后重建时,尼古拉一世指示完全用白色大理石装饰。这样,现在所看到的也不是最初的风格了。看起来周壁及顶部都以白色装饰,其间以镀金装饰柱头及壁面分间处,只有正面沙皇宝座后部有红色华盖及壁

3-9 冬宫-彼得厅

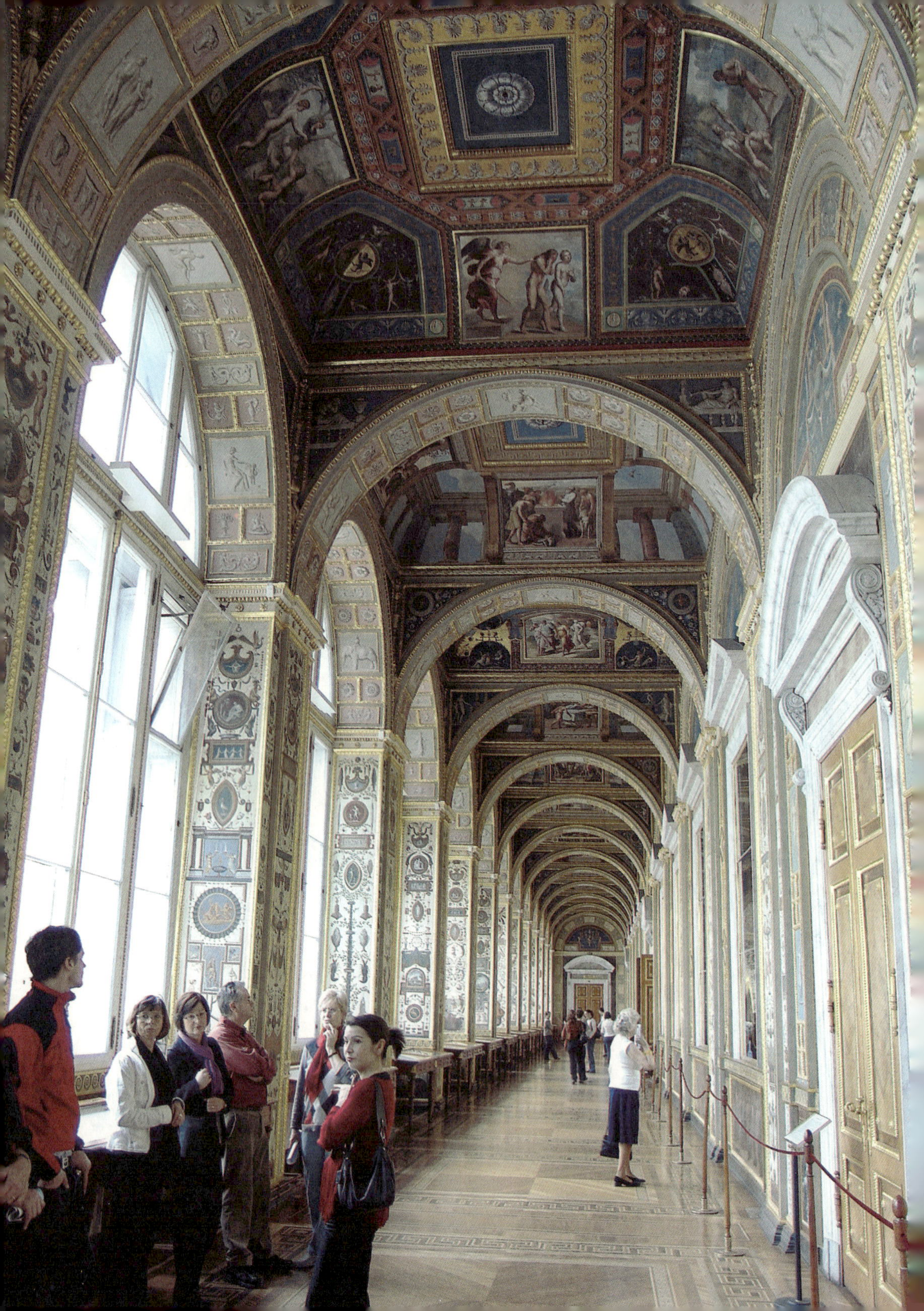

3-12 冬宫-圣乔治厅

3-13 圣乔治厅的地面装饰

3-11 冬宫-拉斐尔敞廊

毯装饰，确也令人肃然。而地板以不同颜色的纯色木装饰出华丽的图案，使你感到一种豪华的艺术环境。

　　冬宫里面大大小小的厅堂多不胜数，难以一一介绍。其中给人印象深刻的有军事走廊、徽章厅、孔雀石厅和拉斐尔敞廊等。军事走廊全称为"1812军事走廊"，是为纪念1812年俄罗斯战胜了拿破仑大规模进攻，取得卫国战争胜利，而将当时参加战斗的俄罗斯将领的肖像都画出来，英国画家乔·都乌被专门请来俄国绘制肖像，前后达十年之久，共有三百多幅画像，其中可以看到著名军事家库图佐夫等人物形象。徽章厅因为以前在战士雕像的盾牌装饰上有各省的省徽而得名，现在，这些盾牌都镶嵌在铜制吊灯上了。拉斐尔敞廊，是1700年叶卡捷琳娜命人到梵蒂冈临摹16世纪拉斐尔为罗马教堂

冬宫博物馆

3-14 徽章厅的吊灯

3-15 冬宫-军事走廊

3-16 冬宫-司内理得尔厅

3-17 冬宫-珠宝长廊

绘制的壁画，然后按原样复制在冬宫的长廊里，因而这个长廊就称为拉斐尔敞廊。虽说都是临摹品，但在俄罗斯很难见到拉斐尔的壁画原作，这里较完整地复制了拉斐尔的壁画，从某种程度上再现了文艺复兴时代的盛况，况且一个长廊整体复制出来，还是比较壮观的。除了这些装饰华美的厅堂外，冬宫收藏大量的绘画和工艺美术作品同样也分别布置在不同的厅堂之内，观众可以在观看各时期绘画作品的同时欣赏宫殿的装饰艺术。

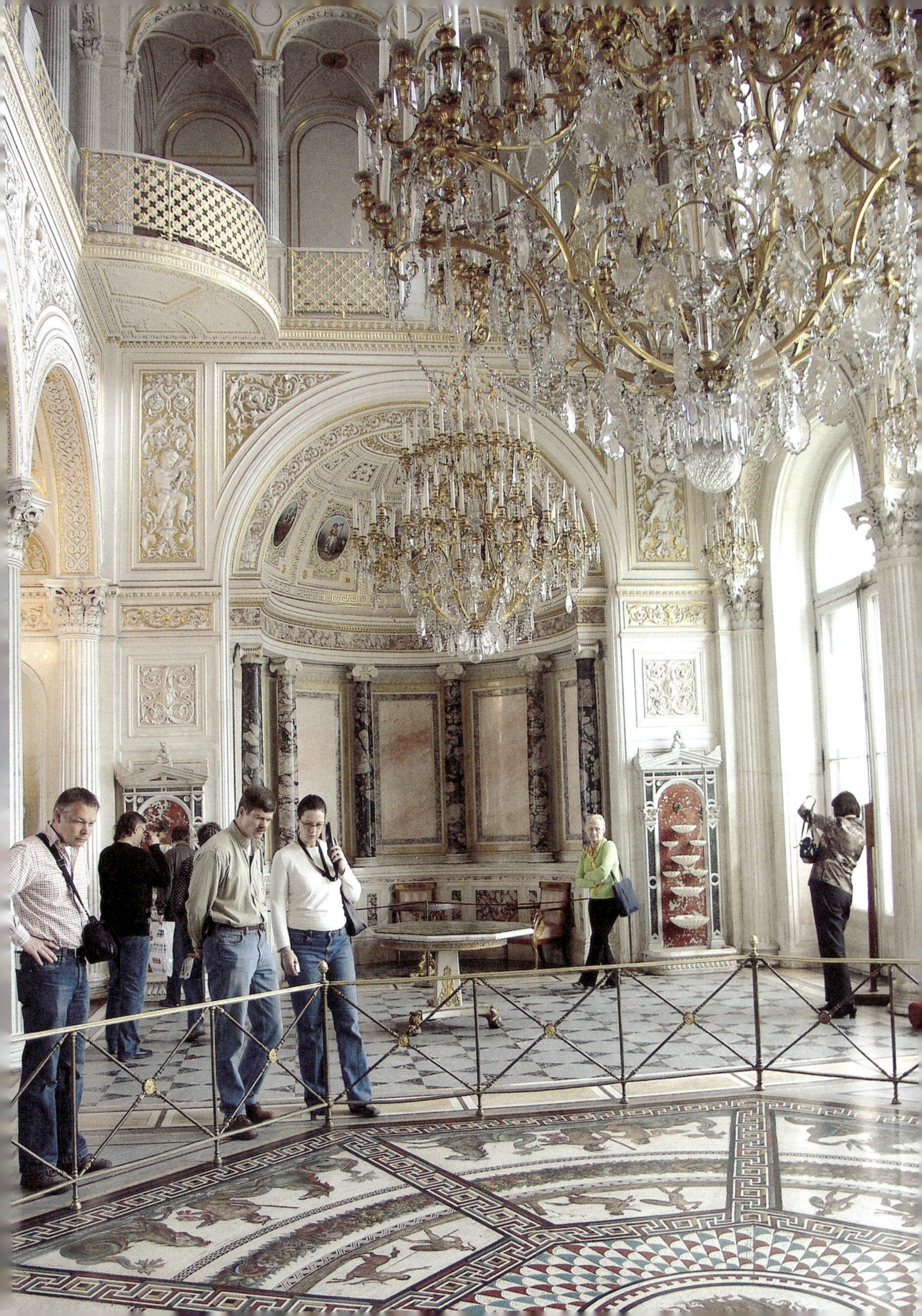

三、提香的杰作

冬宫的大量收藏品中，尤以古典时代到现代的大量欧洲绘画作品令人流连忘返。

文艺复兴时代的绘画，冬宫收藏有两幅达·芬奇的绘画，都是表现圣母子题材的，一幅是《圣母与花》，一幅是《圣母子》，还有一幅拉斐尔的作品，表现在田园风光背景中的圣母子。三幅作品的画面都很小，人物画得精致，《圣母与花》，表现圣母手里拿着一支小花，圣子全神贯注地看着花，小手正欲伸向花朵，而圣母则看着孩子对花的兴趣，露出会心的微笑。据有关研究，这幅画为达·芬奇早年之作，虽然还算不上代表作，但画家注意到人物内心感情的表现。把神人表现得如普通人物一样真实而富于情感，这正是文艺复兴的时代精神。达·芬奇的另一幅《圣母子》背景以两个窗户透出远山的风景，体现出达·芬奇特有的一种空间感，这样的手法，在《岩间圣母》和《蒙娜丽莎》（卢浮宫藏）等作品中表现得更为深邃。

3-18 达·芬奇《圣母子》

俄国在收集艺术品方面比起英法等早期的帝国主义国家晚，如意大利文艺复兴时期的艺术品就很少，仅有的几件达·芬奇、拉斐尔和米开朗基罗的作品也不是代表作。但还是有一些文艺复兴时期的优秀之作。如弗朗西斯科·梅尔兹（Francesco Melzi,1493-1570）的《女性肖像》描绘一位坐着的女子正在端详左手所持的花，右手在腹前怀抱一些花卉。幽暗的背景中可见藤蔓等植物，显示出人物所在的环境为树荫中。画中人物面带微笑，令人想起蒙娜丽莎，细腻的金色头发也反映着达·芬奇的绘画风格。这幅画在 19 世纪中叶被冬宫收藏时，曾有不少人认为是达·芬奇的作品，后来经过相关专家的研究，证实是达·芬奇的得意门生弗朗西斯科·梅尔兹所绘。尽管如此，这幅作品仍不失为具有时代风格的优秀之作。

冬宫所藏提香（Tiziano Vecellio，1490-1576）的两幅油画，可以说是画家的重要杰作之一。威尼斯画派的代表人物提香以他丰富的色彩和突破了宗教精神束缚的充满世俗激情的人体塑造而著称。《达那厄》（Danae，又译作：达纳伊，丹奈尔）表现的是一个希腊神话故事，国王克利西俄斯因为得到神的预言，说他将会被他的外孙所杀，于是就把他的女儿达那厄幽禁在塔中，想让她一辈子都不结婚生子。达那厄每日过着无聊的禁闭生活，仅在每天太阳光从窗户射进的时候，对着阳光想象着自由的日子。而宙斯却发现并爱上了这个美丽无比的人间美女，化成金币从天上流下与她相会，最终他们生下了英雄波休斯（Perseus）。后来，国王把女儿和外孙装进大木桶投入大海，却幸运地被人救起，波休斯长大后在运动会上掷铁饼时不慎失手打死了外祖父，应验了神的预言——这是后话。

3-19 弗朗西斯科·梅尔兹《女性肖像》

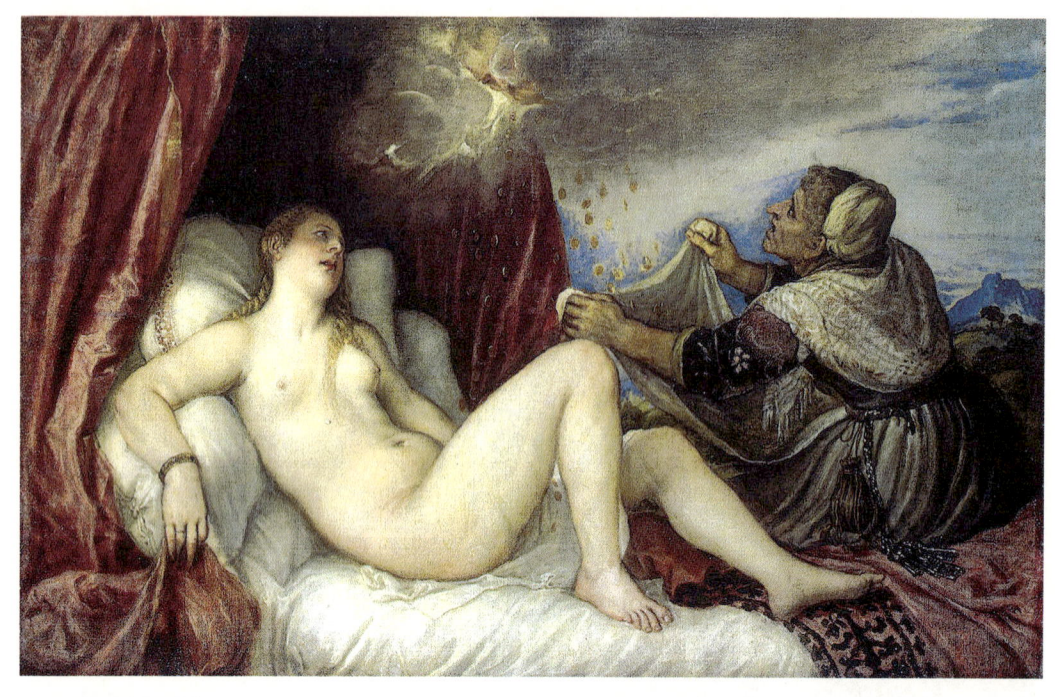

3-20 提香《达那厄》

　　画家没有画出幽禁达那厄的铜塔，却把人物安置在具有远山背景的场面中，裸体的达那厄斜躺在床上，丰满的肌肤体现出完美的曲线，而表情及姿态正表现出一种满足的愉悦。不顾原来故事中的神性，而体现着人间的世俗感观之美，这是威尼斯画派的特征之一。而侍者忙着以围裙接着天上降下的金币，眼神中充满着贪婪的神色，与达那厄之美形成了强烈的对比，这种富有戏剧性的对比手法，也是此画的重要特色。同样以这一题名的作品，在西班牙的普拉多博物馆也有一幅。看来画家自己颇为喜欢这一题材，同时创作了几幅油画。普拉多博物馆藏画中，画面构图及达那厄的姿态与冬宫藏的完全一样，只是一些局部的表现有点差异，如达那厄的右手下部，还画出一只卧着的小狗，而仆人的肩和背露出。而冬宫藏画中只表现了达那厄右手轻轻抓住红色的帷帐一角，另外，画面右侧的远景表现得更明亮一点。总的来说，两幅画作构思、绘制都是十分一致，没有大的差异。

　　《忏悔的玛丽亚》也是在西方绘画史上十分著名的作品。在晦暗的背景中，突出

3-21 提香《忏悔的玛丽亚》

了玛丽亚丰满的身躯,她目光向上,看着天空,右手抚在胸前,左手护着腹部,眼中含着泪水,表现出一种复杂的心理。但画面中给人突出印象的还是主人公优美而富有诱惑力的身体,尽管没有采用裸体的表现。虽然是宗教的内容,但却充满了世俗的趣味。

威尼斯画派的先驱乔尔乔内表现神话故事相对来说更富于浪漫性。《朱提斯》表现朱提斯把荷罗菲尼斯杀死,并砍下他的头颅,是画家们较喜欢表现的题材。美貌的妇女、剑、凶杀,这些本来不该放在一起的画面,却奇妙地组合在一起,形成了富有戏剧性的画面与独特的感观刺激。在乔尔乔内的作品中,红色的长袍显示出朱提斯优雅的身体,她的左腿裸露在外,足踏荷罗菲尼斯的头颅,右手扶着寒光逼人的宝剑。然而朱提斯的目光向下,表情却是这样安详,仿佛不是面对一个血淋淋的死人头颅,而是在河边草坪上漫步的样子。蓝色的远山和近处的橡树,衬托出田园般的诗意。画家不是历史学家或者文学家,他不是为了讲故事,只不过是借这个神话故事来表现一种理想的人物形象,一种理想的性格和意境罢了。这也就是绘画作为造型艺术跨越了语言与宗教,全人类都可能欣赏的意义。

文艺复兴,从某种意义上来说,就是解除了宗教的禁锢,让画家有了更多的自由空间,表现自由的、人性的美。不过,我们现在来看文艺复兴时代,更感到这些艺术杰作具有清纯的毫无造作的浪漫之美。他们没有刻意去批判宗教与神话的传统,只是按照自己的理想去塑造一种神话之美。

3-22 乔尔乔内《朱提斯》

四、伦勃朗的光影

3-23 伦勃朗《花神》

冬宫收藏的伦勃朗（Rembrandt Havmenszoon van Rijn,1606-1669）绘画较多，差不多有一个大厅展示的是伦勃朗和尼德兰画派的作品。

丹纳在《艺术哲学》中曾盛赞伦勃朗，把伦勃朗与文学上的莎士比亚、巴尔扎克相比。丹纳差不多是以诗的语言来赞美伦勃朗的绘画的：

伦勃朗是收藏家，性情孤僻，畸形的才具发展的结果，使他和我们的巴尔扎克一样成为魔术家和充满幻觉的人，在一个自己创造而别人无从问津的天地中过生活。他的视觉的尖锐与精微，高出一切画家之上，所以他懂得这样一个事实：就是对眼睛来说，有形的物体主要是一块块的斑点；最简单的颜色也复杂万分；眼睛的感觉得之于构成色彩的原素；也有赖于色彩周围的事物；我们看到的东西只是受到别的斑点的影响的一个斑点；因此一幅画的主体是有颜色的，颤动的，重叠交错的气氛，形象浸在气氛中象海中的鱼一样。伦勃朗把这种气氛表现得好象可以用手接触，其中有许多神秘的生命；他画出本乡的日色，微弱的，似黄非黄的，象地窖中的灯光。他体会到日光与阴暗苦苦挣扎，越来越少的光线快要消灭，颤危危的反光硬要逗留在发亮的护壁上而不可能；他感觉到一大批半明半暗，模

3-24 伦勃朗
《达那厄》（局部）

模糊糊，肉眼看不见的东西，在他的油画和版画上象从深水中望出去的海底世界。一朝走出这样的阴暗，白昼的光线登时使他目眩神迷，给他的感觉仿佛一连串的闪电，奇幻的照明，千万条的火舌。结果他在没有生命的世界中发现一出完整而表情丰富的活剧，包括所有的对比、冲突，黑暗中最沉重凄厉的气氛，模糊的阴影中最飘忽最凄凉的境界突然倾泻的阳光猛不可当的气势……

伦勃朗画的《达那厄》与提香所画的同一题材作品相比，没有突出达那厄作为美女的身体之美，而是努力在画面中营造明暗对比的环境。背景及周围的环境几乎都是十分暗的，只有达那厄的身体是明亮的，使观者的视线不得不集中在这个人物身上，在画面右上部有金色的丘比特，似乎在表明达那厄命运的不幸。达那厄面朝画面的左侧，右手向上微微举起，似乎在迎接宙斯的到来。眼神里充满了期待——是对即将到来的改变命运的这一刻的期待。正是这种时间的企盼：快要到来的时刻，将会发生什么？这是神话中早已有的，人们都已知晓的故事，但在这里的画面上，还没有出现。于是观者同画中的人物同样——在企盼着。强烈的明暗对比，正是烘托着这种气氛。绘画表现的是空间的造型，我们却在画面上寻找着时间的发展——让你经久不息地思索这种气氛。

3-25 伦勃朗《戴耳环的姑娘》

3-26 凡·代克《自画像》

　　《花神》是伦勃朗按他的爱妻莎士基亚的形象画出来的，伦勃朗为他的妻子画过很多像，这一幅是按神话中的花神形象穿着来表现的，头上插满了鲜花，右手还拿着一树花枝，表现出优雅的神态。然而，伦勃朗绘画给人的印象是十分现实的，他不像波提切利和达·芬奇那样努力表现人物的"神性"，表现那种人间所没有的超凡如神的美好境界。伦勃朗绘画中的人物永远是现实中的，花神只是一个真实的人物穿上了漂亮的衣服，拿着特别的道具而已，她没有神性，而是实实在在的人。真实感和亲切感，还有世俗的生活气息，就是尼德兰画派的最大特点。展厅里还有《浪子回头》、《戴耳环的姑娘》等作品也同样，你所看到的是普普通通的市井里常见的人物，他们都有着爱美之心，也有虚荣心，也有着生活的痛苦与追求。总之，不是贵族阶层所理想化了的，充满浪漫精神的，无忧无虑的那种世界，而是更接近普通平民的那种情感。

　　曾在卢浮宫博物馆看过伦勃朗的《拿着信的拔示巴》等绘画，在英国的国家画廊也曾看过伦勃朗的《入浴的女子》等作品，总有这样一个感受：伦勃朗画的是最最普通的人，但在画面中却表现出独特的魅力，那是他对光与色的独特理解与精湛表现。他的艺术改变了文艺复兴初期那种理想主义的审美思想，而把艺术推广于真正的现实，真正的人间。在他影响下的尼德兰画派坚持这一现实主义的精神，描绘市井的小人物以及最普通的生活场面。据说路易十四有一次在画廊中看到尼德兰画派的作品，非常不喜欢，马上下令"把这些丑东西撤掉"。从反面说明了那些贵族们习惯于欣赏华丽、浪漫的画面，而对这些真实的民间生活却无法欣赏。伦勃朗的现实主义特征到了库尔贝得到了极大的发挥，形成了时代的精神。而他对光与彩的处理，在古典主义及其后的绘画中不断地发扬光大。

　　17世纪巴洛克艺术风靡欧洲，其代表画家鲁本斯最为人熟知，他的作品也数量极多，冬宫同样也收藏了不少鲁本斯的绘画，如《地与水的联盟》、《珀尔修斯与安德洛墨达》等，均以神话题材为主题。

3-27 委拉斯贵支《早餐》　　　　　　　　　　　　3-28 夏尔丹《午餐前的祷告》

而作为鲁本斯的得意门生，凡·代克（Anthony van Dyck，1599-1641）同样是那个时代杰出的画家，凡·代克的《自画像》就是他的代表作之一，画中人物穿着华丽，双目有神，神情潇洒，一幅英俊少年的风采，令人对这位 15 岁即已成名的天才画家产生无限遐想。

　　与伦勃朗同时代的西班牙画家委拉斯贵支（Diego Velasquez，1599-1660）也把视野投向普通平民生活，表现出现实主义的精神。《早餐》描绘了一个平民家庭简朴早餐的情景。一位老人和两个年轻人，安静地拿着叉子的老人，和举起酒瓶表情外露的年轻人形成一种对比。小小的餐桌上摆放着面包、石榴等食物，还有一个盛着饮料的杯子。描绘这些不同质感的东西，向来是体现油画表现力的静物。委拉斯贵支与伦勃朗一样喜欢在暗的背景下表现出物体的光感。但他不像伦勃朗那样细腻，而是一种豪放而粗犷的风格。同样表现就餐的场面，夏尔丹（Chardin Jean-

3-29 弗拉戈纳尔
《偷吻》

Baptiste-Simeon, 1699-1779)的《午餐前的祷告》描绘的也是家庭中的场景，主妇带着两个孩子，在吃饭前教孩子进行饭前祷告。主妇是站立的姿态，而两个小孩却是坐着的，这样形成一种对比，背景的墙壁是暗的，而餐桌的白色桌布以及孩子的衣服形成画面的中心。虽说依然是以明暗对比来表现一个安静的画面，但主妇的手好像是刚端着盘子放在桌上，而她的神态正是向孩子们说什么，右侧的小孩则一边仰头看着母亲，一边按母亲的要求做祷告。这些富有戏剧性的动作，使画面呈现出一种安详的动态过程。

18世纪至19世纪的画家们对于现实生活的描绘，逐渐淡化了文艺复兴以来的以神话为主题的艺术。法国新古典主义画家弗拉戈纳尔（Jean Honore Fragonard, 1732-1806)的《偷吻》，表现的是一对青年男女偷情的画面：少女仿佛刚从右侧的房间跑来，右侧半掩的门外可见那边的房间还有不少人，身体向左倾的少女显出匆匆而来的样子，而站在门边的男青年已迫不及待吻着她的面颊。少女略带惊慌的神色与男子热情的吻，颇有戏剧效果，对角线的构图，明与暗的对比，以及对人物表情、服装质感的细腻刻画，体现出画家高超的绘画技巧。

五、印象派与现代艺术

冬宫博物馆的印象派绘画藏品也是十分丰富的，这里可以看到莫奈、毕沙罗、雷诺阿、德加等印象派大师的很多名作，以及后印象派塞尚、高更、梵高的动人心魄的作品。

雷诺阿（Pierre-Auguste Renoir, 1841-1919）的油画《女演员琼娜·圣玛莉》、《持扇的女人》是他的重要代表作。作为肖像画，《女演员琼娜·圣玛莉》美丽而性感的身材，优雅的神态，令人注目。但雷诺阿的作品不像古典绘画那样把主人公故意摆出一个姿态，就像照标准照那样。而是表现出一定的动感，好像主人公正在走向观者，长裙下露出一点点左脚，表明正微微向前走动，这样一种不经意的动态，还有主人公的身体的姿态，及面部表情，微微张开的嘴唇，都在表现着一种动态和表情。《持扇的女人》描绘的是一个坐着的少女，手里拿着一把打开的折扇，画面中的人物眼睛向着画面右侧，动作很轻松，明亮的色彩，朦胧的笔触，仿佛把人物的光彩反射到了空气中，这一点最能体现雷诺阿特有的手法。每见到雷诺阿的油画，那种美丽的光彩照人的画面，使人不能不受其感染。鲜明的色彩，柔和的笔触，极富于亲切感、温馨感。雷诺阿画中的人物都表现出一种幸福的神态，而又充满了真实感。在前述的两幅作品中，我们感受到了雷诺阿特有的美。

莫奈表现水池和田园风景的作品，毕沙罗表现城市景象的作品，都体现出印象派特有的那种飘浮在空气中的光影效果，闪烁的

3-30 雷诺阿《持扇的女人》

3-31 雷诺阿
《女演员琼娜·圣玛莉》

3-32 莫奈《圣阿德雷斯庭院的女士》

色点,朦胧的意境。但莫奈表现阳光色彩更加强烈,你可以感受到法国乡村特有的明净而灿烂的阳光,《圣阿德雷斯庭院的女士》把人物置于画面的左侧边沿,白色的长裙,与周围绿色的树木形成强烈的反差。阳光下人物的身影,以及树叶反射出的耀眼的光芒,使画面充满了生机。这就是印象派追求的光影效果,草地上,红色的花,绿色与黄色的树叶,无处不在,熠熠生辉。莫奈有时在风景中画出的人物,往往是为了陪衬这种风景。因此,人物本身似乎并不重要,但人物行走趋向,人物的动态,往往使画面有了动的气息。表现繁华的街景,也同样是印象派画家感兴趣的内容。毕沙罗描绘的巴黎市街,你可以感受到正在行走的人物和川流不息的车辆,也许这正是工业革命初期人们对城市生活的一种向往吧。

印象派追求一种外光的效果,为了表现强烈而明亮的色彩效果,在技法上就要采用一些新的手法,把颜色不加混合而直接在画布上点出,以保持色彩的鲜亮效果,便是印象派画家普遍运用的手法。以西涅克(Paul Signac,1863-1935)和修拉为代表的新印象主义（也称为"点彩派"）则把这一技法推到了极点。西涅克的《马赛港口》表现港口的水波映出天光的效果，而近看则是一块一块的色块如马赛克一样拼在画上。而这种直接用色块涂于画布的方法，已在现代绘画中广泛使用。

荷兰画家梵高（Vincent van Gogh，1853-1890）是印象派后期的代表画家，《阿鲁鲁的女人》中把人物放在画面前景，而在后部画出田园景色，这样的构图是现代摄影中常用的，但若是在此前的欧洲传统绘画中则是不可思议的，体现着梵高独特的思维方式。画中点彩的手法虽然源于新印象派的点彩画法，但这里以线为主导，对比强烈，已是"梵高式"的点彩画法。《紫丁香的灌木丛》表现在深蓝色天空背景下，大片的紫丁香，大面积的蓝色与绿色交织，正是梵高最喜欢的强烈的色彩。跳跃的笔触，仿佛使人看到梵高那充满渴望和激情的心。《茅舍》是画家自杀的那一年（1890）在奥韦尔完成的作品。那些略为倾斜的房子或许是梵高住过的房间吧。周围的田野都显得有些倾斜，画面上部的天空和白云似乎在颤抖，而草地和道路却像是在流动——这是画家眼睛所见的样子。

每看到梵高带着无限孤独情怀的画，就想起了一位德国现代派诗人的诗句：

> 有谁知道，我们身在何处……

高更（Paul Gauguin，1848-1903），与梵高一样是一个孤独的画家。但塔希提岛上土著民独特的生活与风俗，使他暂时忘却了巴黎的孤寂。

3-33 毕沙罗《巴黎蒙马特林荫道》

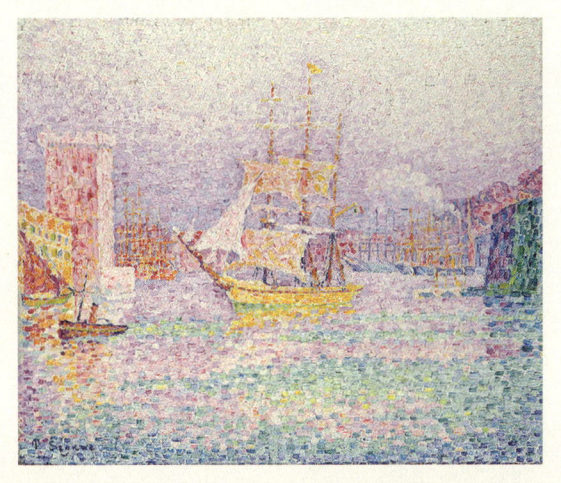

3-34 西涅克《马赛港口》

于是，这个南太平洋不起眼的小岛及其土著民的形象和他们的生活便成为高更绘画的重要主题，也成为世界近代绘画史上难以磨灭的形象。

单纯明净的色彩，表现出塔希提岛质朴而安详的风光与民情。坐在房前草地上，不经意地吃着水果的妇女，或者做着农活的男人，没有欧洲贵妇那种矜持与炫耀，没有古典肖像中那种做作与矫情。甚至也没有莫奈与毕沙罗画面中那种过分强烈的阳光。有的只是自然而和谐的村庄，带有原始意味的神秘。

高更与梵高同样，以自己的方式反抗着这个时代与城市文明。但是效果却有着如此的不同：梵高以烈火般的激情来抗争，来奋斗，他用生命创造了一个时代的艺术，而最终则死于自己心中的"烈火"。高更则把万般的寂寞化作了对原始民族的静观与欣赏，并从中得到了全新的艺术感觉，全新的绘画表现。

与梵高和高更同样具有创造性的画家，就是塞尚（Paul Cezanne, 1839-1906），他被称为现代绘画之父。他开始完全地颠覆了人们对绘画的传统观念。塞尚曾有一段时期画圣维多利亚山，据说画了六十多次，有关圣维多利亚山的作品也成为塞尚风景画的一个标志。从印象派画家莫奈、毕沙罗等画家开始，对同一风景，在不同的时候描绘，以表现不同的光线下光与影的不同变化。而到塞尚，则是对同一景色用不同的"解剖"手法，解析出不同的立体特征，这一点无疑为后来的立体主义开了先河。

3-35 梵高《紫丁香的灌木丛》

3-36 梵高《茅舍》

3-37 高更《拿水果的女人》

提起马蒂斯（Henri Matisse,1869-1954），当然就会想到"野兽派"(Fauvism) 这个名称。马蒂斯的画面是灿烂明亮的，他追求平面的构图与色彩的对比，在他的作品中可以感受到美术的和谐与单纯。无论如何与"野兽"这样的名称是联系不到一起的。不过，近现代的美术发展，什么稀奇古怪的事情都有，一个独特的名称也似乎算不上什么。

《舞蹈》可算是马蒂斯的大作了，倒不仅仅在于画面大（260厘米×391厘米），关键在于画面基本上只用了三种色——红、蓝、绿。表现舞蹈者的动律，差不多是以线描的形式简单地勾出人的形象，类似速写。这样的形式对于长期受着古典传统熏陶，以立体透视规律来看待绘画作品的欧洲人来说，也许真是有点"洪水猛兽"之感吧。

马蒂斯喜欢东方情调，明亮而单纯、平面性的色彩，带有装饰性的造型。他的很多画几乎可以看作是装饰花布，但其中又包含着宁静和悠然的情怀。

凡·东根（Kees Van Dongen,1877-1968）作品《红衣舞娘》的艳丽夺目，与马蒂斯有异曲同工之妙。不过马蒂斯追求的还是倾向于带有东方韵味的宁静，凡·东根这里更富于动感。康定斯基（Wassily Kandinsky,1866-1944）也是野兽派的重要画家，不过后来他又成为了抽象派绘画的代表画家。在这里可以看到康定斯基的一些风景画，以鲜艳夺目的色彩来表现，可以看出马蒂斯的影响。

3-38 高更《塔希提的田园诗》

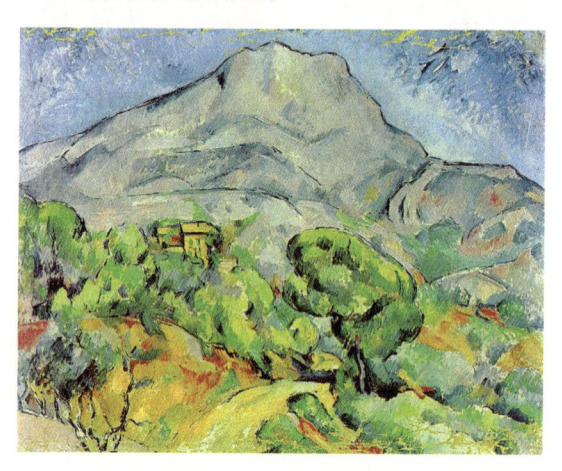

3-39 塞尚《圣维多利亚山》

3-40 马蒂斯《舞蹈》

3-41 马蒂斯《全家福》

如果没有毕加索（Pablo Picasso, 1881-1973），现代绘画未免太寂寞。毕加索是一个创造力最为充沛的艺术家，不仅仅是绘画，他的雕塑，他的制陶工艺等等都影响了一个时代的艺术。毕加索早年的绘画表现出一种忧郁的气氛，《喝苦艾酒的女人》表现一个穿蓝色上衣坐着喝酒的女人，她的左手顶着下颌，右臂则绕过左手而伸到左肩上，夸张的臂膀和手指，使人物表情中那种挥之不去的忧郁更加强烈。小桌上酒瓶和酒杯，红色的背景衬着人物蓝色的衣服，还有浅蓝色的桌面，把画面分成几块颜色，平面化的倾向是现代艺术的特征，而毕加索则是以色彩来表现情绪。

3-42 康定斯基《田园风景》

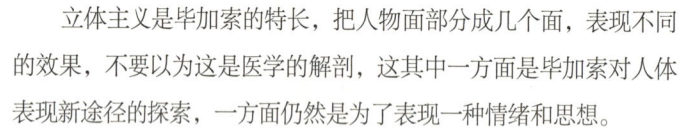

3-43 凡·东根《红衣舞娘》

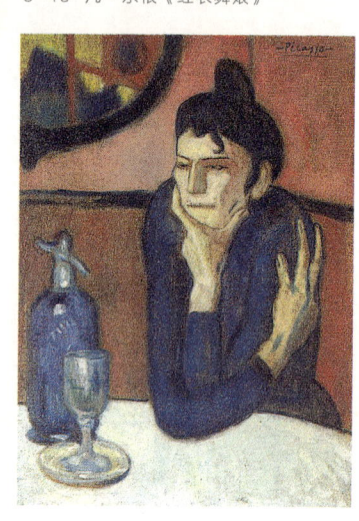

3-44 毕加索《喝苦艾酒的女人》

　　立体主义是毕加索的特长，把人物面部分成几个面，表现不同的效果，不要以为这是医学的解剖，这其中一方面是毕加索对人体表现新途径的探索，一方面仍然是为了表现一种情绪和思想。

　　欧洲绘画进入现代，形体表现已经不是最重要的了，画面中的思想和情绪被强调。这令人想起苏轼所说"观画取其意气所到"，又说"论画以形似，见与儿童邻"。中国的画家在一千多年前开始放弃"形似"，而追求"神似"，追求意境。欧洲则在文艺复兴之后数百年间把"形似"的表现技法发挥到了极致，终于在19世纪末期开始明白：精神的追求才是最重要的。于是广泛地探索摆脱"形"的羁绊，产生了以抽象绘画为总体倾向的现代主义种种流派，其意义无非是想说明：绘画的终极目标并不是为了像摄影一样真实地表现出对象来，而是要表现画家的思想灵魂。这样的想法，常常令中国的观众有一种似曾相识之感。所以中国人看到梵高、马蒂斯等画家的作品，就会有一种亲切感，其实他们正是从东方艺术中吸取了很多成分，创造了与欧洲传统艺术不同的境界。

3-45 毕加索《女人像》

六、诗一般的雕塑

3-46 雕塑展厅一角

　　由于冬宫的名画太多，无暇观看雕塑作品，但穿行于各厅堂之间，总会有不少杰出的雕塑作品不断映入眼帘。在宙斯厅和狄俄尼索斯厅集中展示了大部分雕塑作品，宙斯厅大约是因为有古罗马时期的雕塑宙斯像而得名吧，宙斯是古希腊神话中的众神之神，也是古希腊雕刻中最常见的形象。这里展出高大的宙斯像，宙斯一手执权杖，一手托着胜利女神的雕像。据说最初是古希腊最有名的雕塑家菲狄亚斯制作的，宙斯的衣服及权杖用黄金打造，身体部分则由木头雕刻而成，不过现在所见的则是后来用大理石按原作复制的。

3-48 塔夫利达的维纳斯（局部） 　　　　　　　　　　3-49 宙斯像

　　比起卢浮宫和英国博物馆来，冬宫收藏的古希腊罗马雕塑不算太多。但是像《塔夫利达的维纳斯》仍然可称得上是旷世杰作。这件大理石雕是公元2世纪罗马时代的作品，与《米洛的维纳斯》一样，也是双臂已断。维纳斯的头部侧向左，身体全裸而均称，体现出端庄而优雅的神态，这是古希腊艺术的境界。

　　法尔科内（Maurice Falconet, 1716-1791）的《丘比特》是罗可可风格的代表作，这件白色大理石雕的小爱神表现坐姿的丘比特手指靠在嘴唇，好像在说："嘘——别出声！"眼睛露出顽皮而天真的神态，生动地表现出孩童活泼可爱的性格。

　　法国伟大的雕塑家乌东（Jean Antonie Houdon, 1741-1828）曾经为很多著名人物做过雕塑。如美国总统华盛顿和富兰克林等，都深受好评。而他最著名的雕塑就是为伏尔泰做的雕塑，被称为是乌东艺术最高峰之作。

3-47 塔夫利达的维纳斯

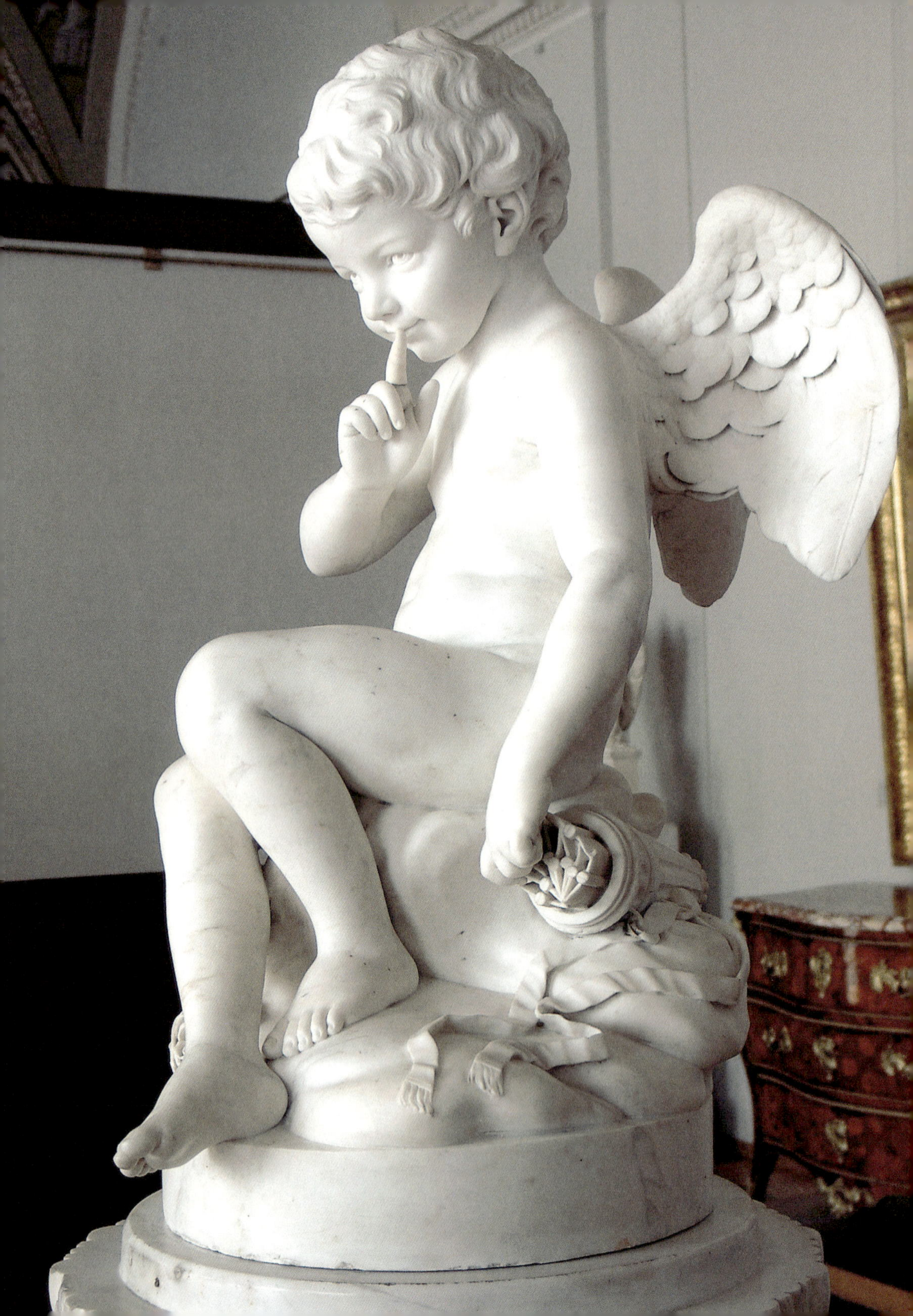

先是伏尔泰的侄女请乌东为伏尔泰做一件雕塑，完成后，伏尔泰本人看了非常满意，但过后没有几天，伏尔泰就去世了。后来，乌东根据这件胸像制作成一件较大的坐像。比起先前的胸像来，伏尔泰那种冷峻的带有嘲讽的神情减弱了，而更多地体现出一个思想家沉思和睿智的内在特征。宽大的外衣，似乎使人感受到伏尔泰瘦弱的身体，同时这位思想家的威严与气度也从中体现出来。这件伏尔泰坐像的原作存放在巴黎的法兰西喜剧院。当时，俄国沙皇叶卡婕琳娜二世也向乌东订制这件雕塑，于是就有了冬宫所藏的这件伏尔泰坐像。

《丘比特与普赛克》这件美丽如诗的雕塑是意大利古典主义雕塑家安东尼诺·卡诺瓦（Antonio Canova,1757-1822）的代表作。丘比特与普赛克相爱是一个十分美丽的故事，爱神丘比特为了不让母亲知道自己爱着一个普通的女子，总是在晚间悄悄地来到普赛克身边与她缠绵，并希望普赛克不要试图看到自己的形象，否则将会离去。普赛克受到心怀嫉妒的姐姐的唆使，在晚上点亮了灯，终于看到了自己的丈夫原来是爱神丘比特，而丘比特因此消失了。普赛克从此经历了无数灾难。于是普赛克这个名字也就成为人类猜疑、不信任等特征的象征。这段神话为古往今来多少艺术家提供了灵感，关于丘比特与普赛克的雕塑和绘画也非常多。

卡诺瓦以表现理想的古典美而著称，他以丘比特和普赛克接吻前的瞬间形象来表现这一充满幸福的场面。丘比特背上的翅膀自然分开，身体好像刚从天空飞下尚未完全站稳。而普赛克躺着仰头双手向上，轻轻环抱着丘比特的头，接受他的吻。两人的动作都舒缓而富有浪漫情调。这一浪漫的场面，在造型上，丘比特的体态形成一种张力，

3-51 乌东《伏尔泰像》

3-50 法尔科内《丘比特》

3-52 卡诺瓦《丘比特与普赛克》

与身体柔和的普赛克相对比，构成一个完美的韵律。

同样的作品在巴黎的卢浮宫也可以看到，冬宫这件作品是俄国人看到了卡诺瓦原来做好那件之后订做的。所以这件雕塑与卢浮宫的作品有一点细微的不同，但总的形象是完全一致的。

《三美神》也是卡诺瓦的作品。美丽柔和的肌体，令人想起波提切利绘画作品《春》的那种感受。卡诺瓦喜欢表现带有古典情趣的形象，甚至把拿破仑的塑像也做成裸体的，与古罗马雕塑一样。因此，有人对他也有微词，认为他的雕塑没有个性。但是，艺术家创造的美好形象，即使经过千百年，也是令人赏心悦目的。

3-53 卡诺瓦《三美神》

七、中国的珍贵文物

20 世纪初，趁着中国清朝末年政治腐败、国势衰微的机会，西方列强先后派遣探险队到我国西北地区进行探险活动，不断地掠夺中国文物。俄国也派遣了由鄂登堡组成的探险队，到中国新疆、甘肃一带进行探险活动，特别是从敦煌等地掠走了大量文物。鄂登堡两次带领探险队进入中国西部地区，第一次是在 1909 年至 1910 年间，他们在新疆的吐鲁番、焉耆、库车等地进行了挖掘，掠走了大量的出土文物，包括百余件写本文书。当得知英国斯坦因、法国伯希和等人从敦煌掠得大量的文物后，鄂登堡就在 1914 年第二次组成探险队，主要目的就是敦煌。1914 年 8 月，俄国探险队进入敦煌，对莫高窟进行了全面的拍照、测量和记录，于 11 月初离开。他们带走了一批壁画，还有二十多件彩塑，以及大量的敦煌遗书。在鄂登堡第一次到新疆探险的同时，另一支俄国探险队由科兹洛夫带领来到了甘肃北部与内蒙古一带，他们发现了黑水城（蒙语读作"哈拉浩特"，又译"黑城"），此地是西夏时代的重要城市，后来被荒废。科兹洛夫在这里进行了大规模的挖掘，掠走不计其数的古代文书（主要是西夏文的文献）、佛画和雕塑等。这些从中国掠走的文物后来陆续藏入冬宫博物馆。

俄国探险队从敦煌与黑水城掠走的文物，通常较少放在展厅陈列，有关冬宫的导游手册之类的书中也不会提到。笔者在 2009 年到俄国考察时，正赶上冬宫在举办一个"千佛洞展览"，专门展出了与敦煌密切相关的文物。因而有幸得以看到较多的中国艺术品。其中的敦煌壁画主要是 1914 年至 1915 年间，俄国鄂登堡探险队一行从敦煌石窟剥走的，包括第 263 窟的北魏壁画

3-54 莫高窟第263窟 供养人像 北宋

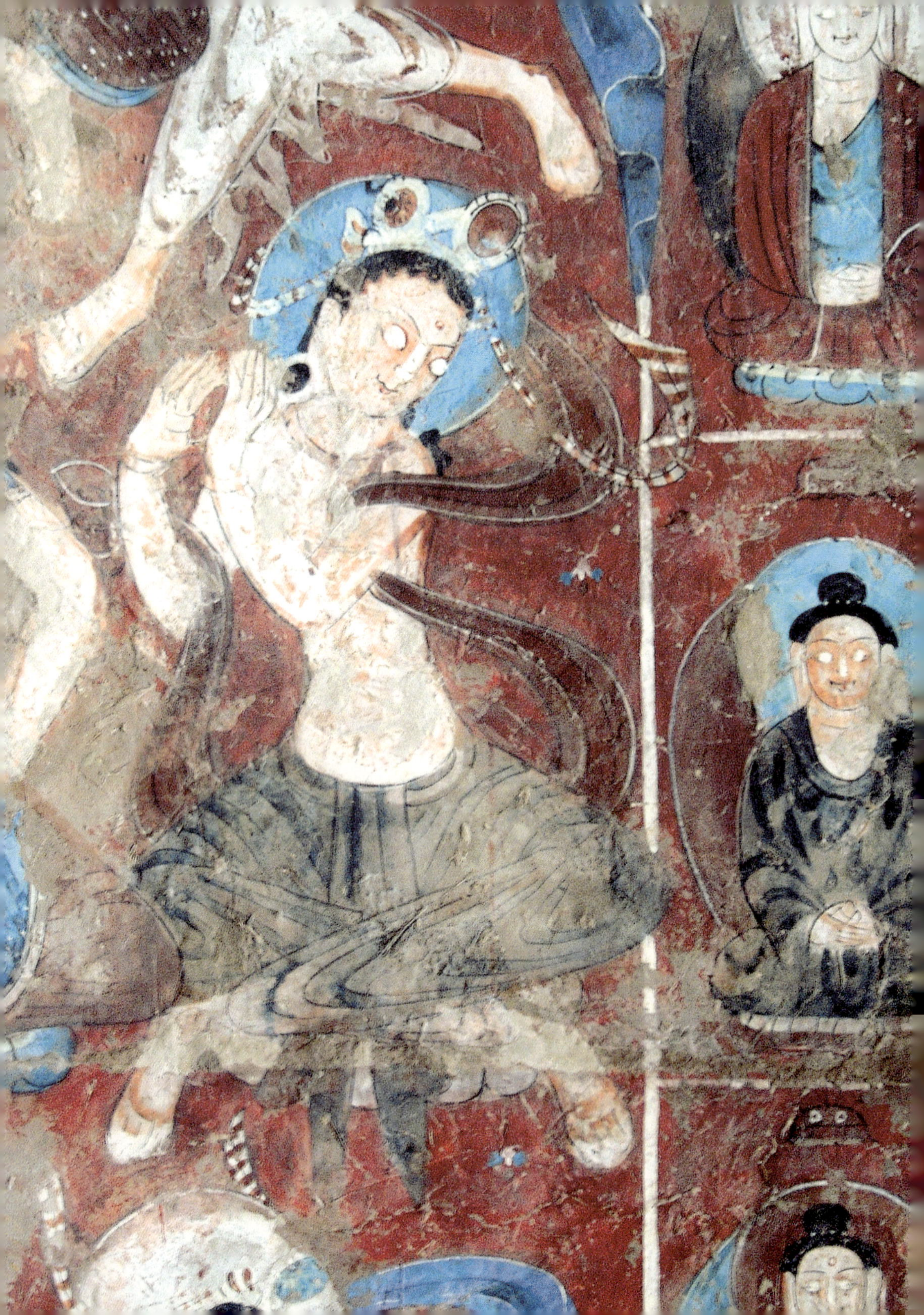

3-56 敦煌壁画睒子本生(局部) 隋

与同窟的五代壁画供养人、第433窟隋代壁画、第445窟唐代壁画残片,以及窟号不明的唐代彩塑菩萨头像等等。

莫高窟第263窟本来建于北魏时代,后来在五代和宋代先后进行了重修,重修的壁画覆盖了北魏的原作。俄国探险队盗走的有一块壁画就是在表层宋代壁画剥落后露出的北魏壁画,颜色及造型线条都十分清晰,高197厘米,宽69.5厘米,画面左侧是说法图的一部分,上部有一身飞天,下部为菩萨像五身,画面右部为千佛(存七身),画面下部为供养人行列,存三身。另外两块描绘供养人画像的壁画,则是覆盖在北魏壁画上部的宋代壁画。这两身供养人像,均有题记,一身题为"社子氾卓子一心供养",一身题为"……检校太子宾客徐定一心供养"。从供养人形象及服饰特征来看,与莫高窟曹氏归义军时期的壁画人物完全一致,可能绘在曹氏归义军的晚期(北宋时期)。

3-55 莫高窟第263窟菩萨(局部) 北魏

一幅横长画面的故事画,内容为睒子本生。这幅壁画高17厘米,长144厘米,描绘的是睒子在山中孝养父母的故事。有一天,国王到山中打猎,睒子穿着鹿皮衣在水边汲水,国王以为是鹿,就弯弓射箭,不幸射中了睒子。等国王发现误射了人,赶到跟前,睒子告知自己死后父母无人赡养。国王十分后悔,便找到山中的睒子父母,向他们表达了自己的忏悔,愿意代替睒子赡养二老,随后领他们来到死去的睒子跟前,睒子父母仰天痛哭,悲伤不已。睒子的孝行感动了天帝,派天人救活了睒子。

冬宫博物馆

3-57 敦煌壁画残片 唐

3-58 敦煌菩萨头像 唐

这一故事题材莫高窟现存共有六幅,西千佛洞存一幅,若加上俄藏这一幅,就有八幅,时代均为北周到隋代。

唐代的壁画佛弟子像残片,从人物画的风格特征来看,正是盛唐时代风格。从内容来看,可能是画在佛龛内的壁画。表现一个具有印度相貌特征的佛弟子,自然的色彩晕染,炯炯有神的眼光,这是唐朝壁画中表现佛弟子常用的手法。

唐代菩萨头像,未知出自何窟,与莫高窟第328窟、第205窟等窟的盛唐彩塑风格十分一致。造型自然,尤其表现面部肌肤的质感,颇为生动。

冬官收藏的藏经洞出土绢画多为残片。有一些是经变的部分,有一些菩萨的绢画,其中较大的有一件观无量寿经变,高139厘米,宽88厘米。画面中心及中央下部残破。从绘画构图及风格来看,虽然是唐宋以来的样式,但画得较为简率,画面下部供养人像的服饰与榆林窟壁画中一些回鹘风格的人物服饰接近。估计此画为曹氏归义军晚期或者是回鹘时代的作品。此外,一幅纸本的《宝胜如来》像是比较重要的资料,绘一行脚僧有一虎伴行。类似的行脚僧像法国吉美博物馆藏的敦煌绢画中也有几幅。

3-59 唐卡《十一面观音曼荼罗》 西夏

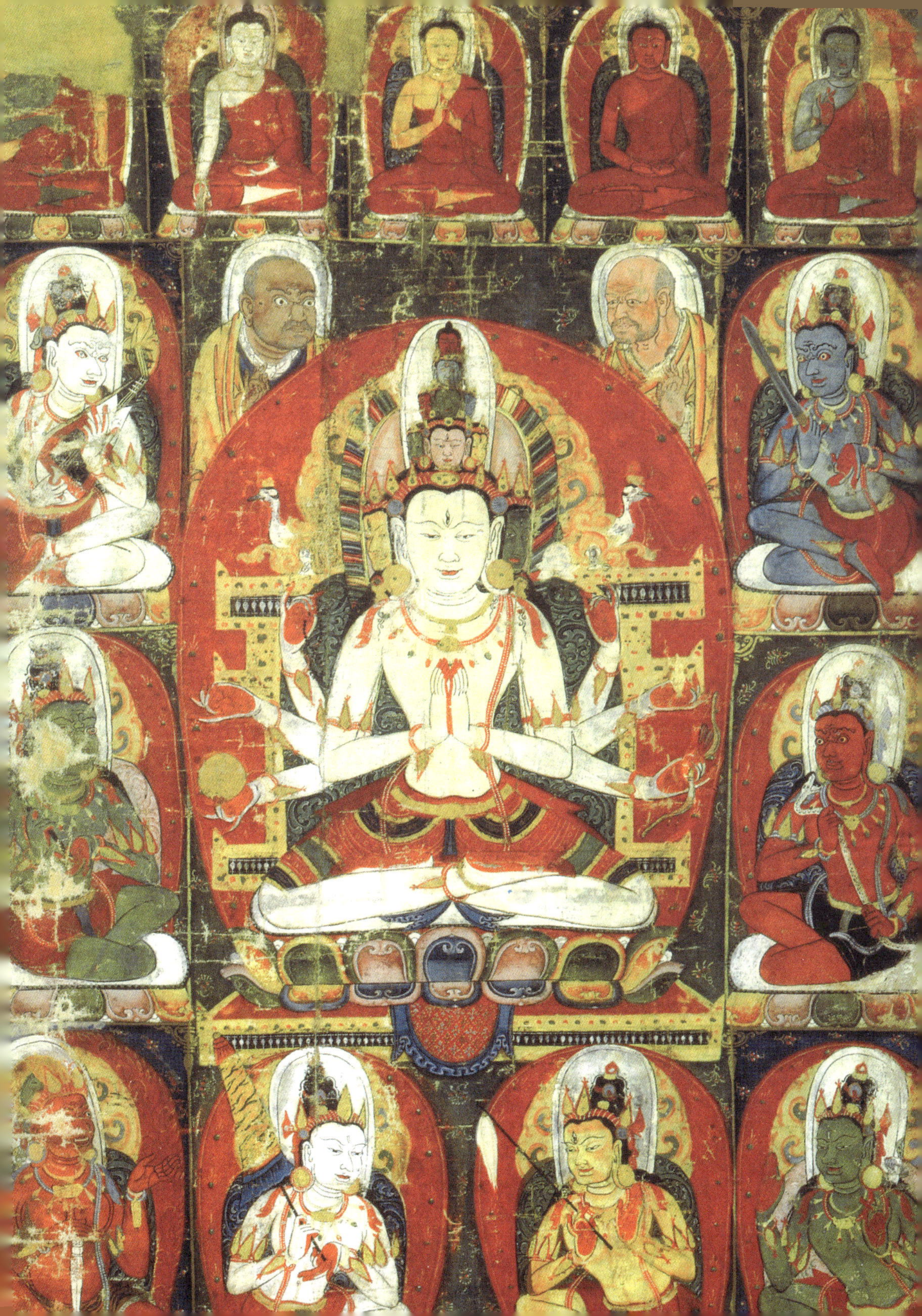

3-60 绢画《水月观音》 西夏　　　　3-61 唐卡《接引佛》 西夏　　　　3-62 彩塑《双头佛像》 西夏

　　黑水城出土的佛教文物大多是西夏时代的重要绘画、雕塑和西夏文写经，绘画多为说法图、菩萨像、阿弥陀佛来迎图以及密教曼荼罗等等，一件《水月观音》绢画，描绘观音菩萨坐于岩石之上，身后有山石与竹林，下部有水流过。云中有善财童子向观音礼拜。下部则是一些俗人在遥拜观音。令人兴味盎然的是右下部俗人的衣着打扮，儿童均为髡发，显示出党项民族的特点，与契丹族有很多相似。曼荼罗内容与藏传佛教密切相关，《十一面观音曼荼罗》唐卡观音菩萨端坐在中央，有十一面八臂，画面上部有五佛，观音两侧及下部共有八菩萨。画面主要以红、白、绿、蓝几种颜色渲染，对比强烈，具有神秘感。这种画法正是西藏唐卡的风格，反映了当时藏传佛教艺术对西夏的影响。《接引佛》是表现信仰者在死后得到佛的指引而走向阿弥陀净土世界。黑水城出土的绘画品中表现出西夏供养人像，并反映出那个时代的文化特征，对于研究西夏文化和艺术具有十分重要的价值。

　　冬宫还收藏有新疆的壁画，主要是吐鲁番柏孜克里克等石窟的壁画，其中画面最大的文殊菩萨出行图高232厘米，长339厘米，最初是分开切割的，现在组合在

3-63 吐鲁番柏孜克里克石窟壁画文殊出行图 10世纪

一起了。画面中央为骑狮的文殊菩萨，前面有牵狮的于阗国王和侍从八人。前又有天王开道。画面的背景有山水楼阁。这些人物及山水的画法是回鹘高昌时代的风格。

另一件壁画为佛说法图，高227厘米，宽370厘米。这是柏孜克里克壁画最常见的一种说法形式，中央为立佛，微侧身，前后有菩萨弟子多人，在左上部还画出一座中国式楼阁。表现出唐代以后吐鲁番一带壁画深受汉画影响。

在冬宫所藏的中国文物中，敦煌和黑水城的文物只是其中的一部分，但这些艺术品在中国古代艺术史中具有十分重要的意义。敦煌艺术品可与敦煌现存的石窟进行比较研究，而黑水城佛教绘画所展示的西夏艺术，对于探讨西夏文化艺术具有不可替代的作用。

PICASSO
in The Metropolitan Museum
AMERICAN
VIENNA CIRCA 1780

大都会艺术博物馆

一、繁华之都的博物馆

4-1 纽约曼哈顿远眺

　　从某种意义上讲，大都会艺术博物馆使美国这个仅有数百年历史的国家增添了历史文化的厚度。

　　大都会艺术博物馆（Metropolitan Museum of Art）位于纽约繁华的曼哈顿区中央公园东侧，是美国最大的博物馆，也是世界上屈指可数的大型博物馆之一。比起巴黎、伦敦和圣彼得堡，纽约仅仅是一个商业都市，缺乏那种深厚而悠久的历史文化底蕴，在纽约的闹市中，绝不会引起人们对历史、对艺术的遐想。不过，在这个大都市中却规划了一个巨大的公园——中央公园。长方形规整的公园里，草坪、树林、水池、假山、运动场等休闲活动的场所一应俱全，进入公园似乎可以将喧嚣的街市忘记。在公园东侧的第五大道一侧，便耸立着大都会艺术博物馆的大楼。

4-2 纽约的中央公园一角

4-3 纽约时代广场

4-4 大都会艺术博物馆外景

早在1866年,纽约市的一些名人便开始酝酿成立一个博物馆,以适应美国文化教育的需要。1870年正式设立博物馆,不久,就在中央公园东侧选定了馆址,着手建筑。最初由美国建筑师卡尔弗特·沃克斯(Calvert Vaux)等人设计,为新古典主义风格的建筑。其后又经过历年不断地扩建,形成了现在的样子。今天的博物馆的建筑物总长度约四百米,占地18万平方米,比19世纪80年代的馆址大了二十倍。虽然对于博物馆的建筑外观有不同的评价,但大都会艺术博物馆的外观给人的感受是质朴而典雅的。尽管由于周围的高楼大厦太多,而使这座艺术博物馆多少显得有些突兀,但仍不失其独特的魅力。多少年来,在馆藏品和设施建设等方面都得到了社会各方人士的赞助,形成了这座博物馆的独特性。博物馆的门票也不是定价,而是作为参观者的一种捐款行为,因此,在入口处只提示了一个关于门票捐款的参考价额。

大都会艺术博物馆的展厅分布在一楼和二楼。地下层除了停车场外,主要有教育中心和游客服务设施。一楼展示的

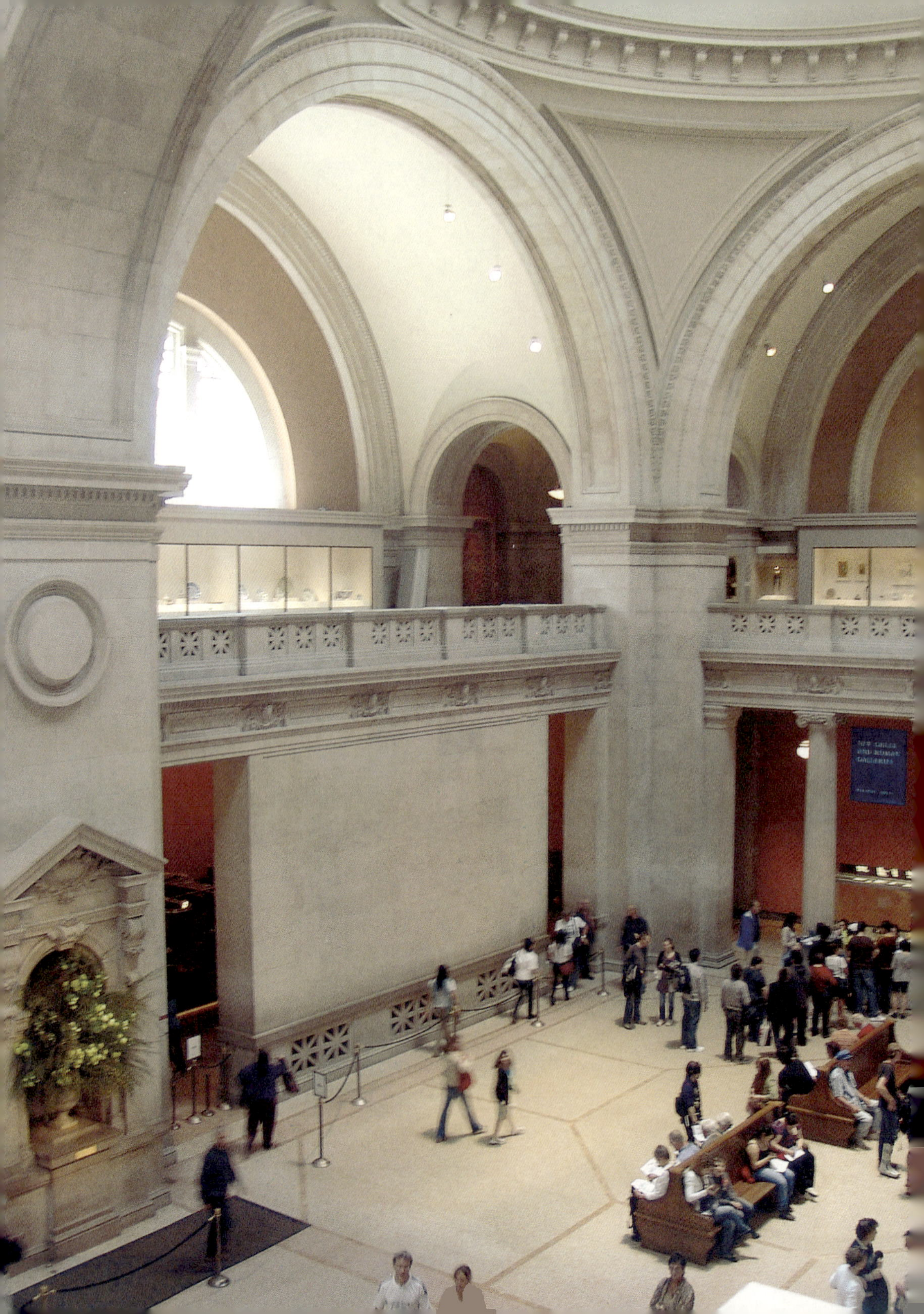

内容主要有：古代埃及文化、古代希腊罗马艺术、古代欧洲雕刻及装饰艺术、欧洲绘画专门展厅和美国艺术等。还有武器、甲胄展厅和图书馆。二楼展示的内容主要有：古代西亚文明、亚洲艺术、伊斯兰艺术、欧洲古典绘画、欧洲近现代绘画、美国绘画、素描·版画·摄影专题展、乐器专题展以及艺术商店。在一楼和二楼之间，还有服装研究所，展出部分服饰艺术。

大都会艺术博物馆不像卢浮宫或冬宫那样是由宫殿改建的，所以展厅的设计更切合展出的实际和保护的需要，当然在建筑的四壁和顶部也就没有前者那样奢侈而华丽的装饰，这倒使观者的视线更集中于展品的内容。大都会艺术博物馆的藏品总数达三百万件以上，在展厅里陈列的艺术品也有几十万件，要想在短时间内看完这些展品是不可能的。以下选其精粹简要介绍一下各方面的艺术品。

4-6 大都会艺术博物馆内景

4-7 作者在大都会艺术博物馆绘画展厅（2010年）

4-5 大都会艺术博物馆的入口大厅

二、中国的艺术

4-8 中国艺术展馆一角

在海外的大型博物馆中，只有大都会艺术博物馆展出的中国藏品最多，展出场地也最大。这一方面可能是大都会艺术博物馆的中国艺术藏品很多，价值也很高。另外，恐怕还在于该博物馆多年来总有一些研究中国艺术的专家，自从1915年成立了亚洲艺术部以来，大都会艺术博物馆一直有中国艺术研究方面顶级的专家负责这个部门，包括对艺术品的收集、研究和展示。所以这里的中国艺术品是陈列最好，且富有研究性的。在这里中国艺术品受重视的程度也是其他西方国家博物馆远远不能相比的。

进入二楼的中国艺术展厅，首先看到的就是高达7.52米，长度超过15米的巨

4-9 药师佛十二神将之一 元

4-10 龙门石窟雕刻 皇帝礼佛图 北魏

型壁画药师佛经变图（元代）。这是从山西某地寺院中剥离的巨幅壁画。从主尊佛的形象来看，并没有像通常的药师佛那样手托药钵，但在佛的两侧各有六身武士的形象，合起来可看作药师佛的十二神将，这样就可以推断主尊为药师佛了。药师佛两侧坐着的两大菩萨就是日光菩萨和月光菩萨。壁画中人物较多，场面宏大，笔法流利，刻画细腻，是元代壁画的优秀之作。像这样大型的古代壁画，在国内寺观也已不多见。

与壁画相对的一侧，可以看到龙门石窟宾阳洞的皇帝礼佛图，表现的是北魏孝文帝和大臣们礼佛的场景。孝文帝着宽大的汉族服装，众多大臣们前呼后拥，情态各异，两侧有仆人执障扇。这一块浮雕原来是在宾阳洞窟门北侧，南侧与之相对的还有皇后礼佛图。如今这两组精美的浮雕均流落国外，皇后礼佛图浮雕现藏于美国堪萨斯州的纳尔逊艺术博物馆。

在大厅的一侧还有一尊出自云冈石窟第25窟的交脚菩萨像，菩萨形态清瘦，是北魏后期受南朝风格影响后形成的所谓"秀骨清像"风格。此外，展厅中还有一尊高大的菩萨像，是北齐时代的作品，造型敦厚质朴，反映出这个时代的风尚。

小型佛像较引人注目的，有北魏太和年间的金铜佛立像，这件佛像高达140厘米，

4-11 北齐石棺床

4-12 金铜弥勒佛像 北魏（公元524年）

在早期的金铜佛像中是十分难得的大型雕像。佛像的衣纹贴体，并形成有规律排列的U型纹，明显有印度笈多艺术的影响。类似风格的佛像在十六国到北魏时期的作品中还可以找到例证，如炳灵寺第169窟（公元420年）的一座佛立像，以及东京国立博物馆所藏、有北魏太平真君四年（公元443年）铭文的佛立像，可以看作是中国早期佛教艺术的一种类型。另一件有正光五年（公元524年）铭文的弥勒佛像雕刻繁复，佛座下有双狮，佛座上可见供宝，佛两侧各有两身供养人像。佛背后有透雕的背光，背光上还雕出九个飞天的形象，仿佛凌空欲飞。这样的金铜佛像该博物馆共有两件，一件有正光五年铭文，另一件无铭文。推断这两件为同时期的作品。

一些唐以后的佛像也十分精彩，如一件干漆佛像，佛面相庄严沉静，着袒右袈裟，结跏趺坐，袈裟上的金色与橘红色显得富丽堂皇。

除了佛教雕刻之外，还有一件十分珍贵的石棺床。大约是北齐或者隋代，中央的浮雕表现出祆教的内容，两名祆教祭司分别手持杖伸向祭坛，祭坛最下部是一个力士支撑着一个台，台上有二神兽共同托着一个莲花台，台上是燃烧的火。这是祆教祭坛的最大特征。在石雕的两侧各有一身力士。两侧的壶门内各雕刻有两只狮子。壶门上部各有三个圆环联珠纹图案，圆环内分别有带翼的马、鹿、羊。这样的图案充满了波斯风格。

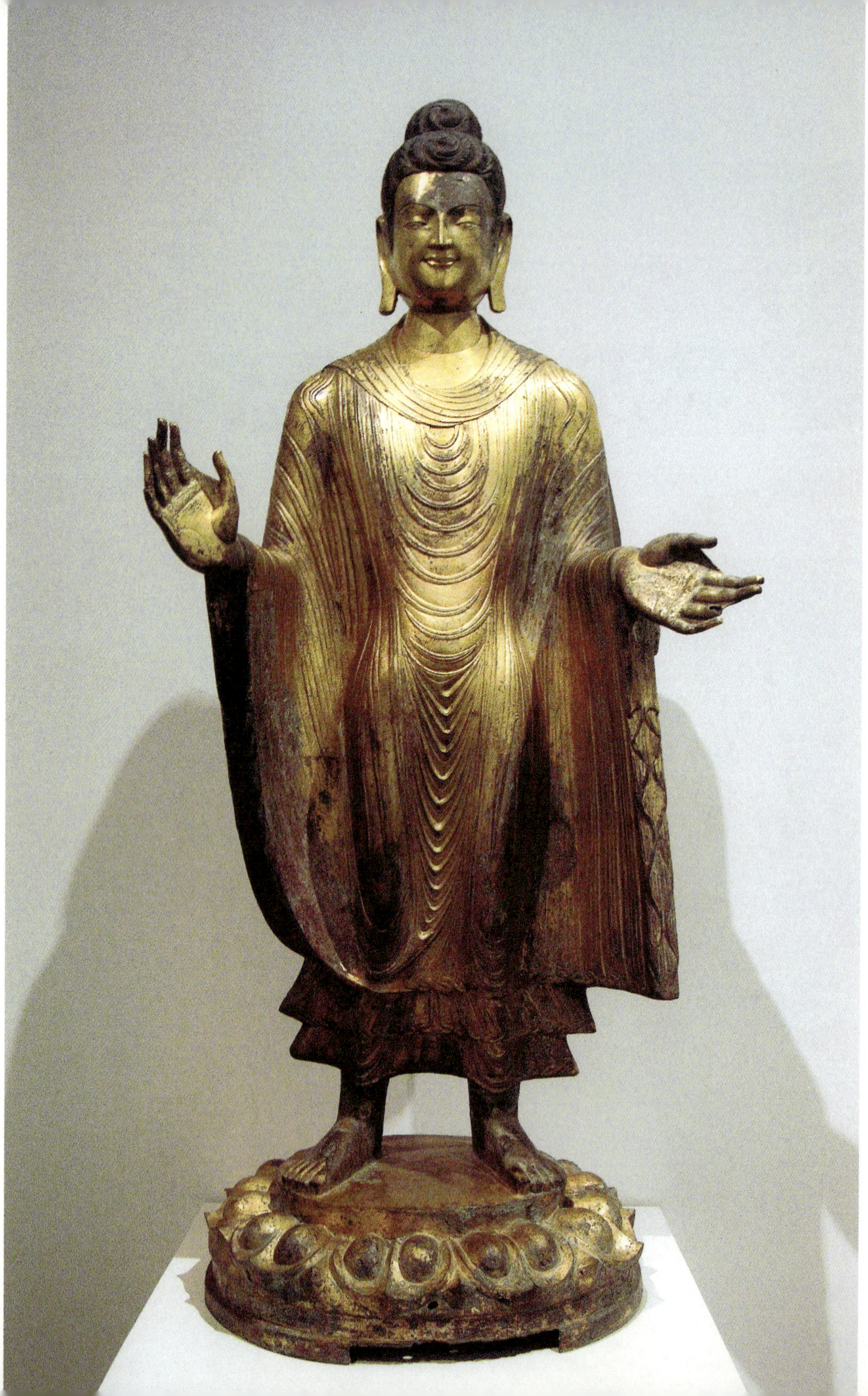

近年来国内出土的北周安伽墓和虞弘墓等，其石棺床的雕刻中都可看到类似的祆教神像。类似的石棺床雕刻，在华盛顿的弗里尔美术馆也有一件。

从先秦时代的青铜器到唐宋元明清的工艺雕刻多不胜数，难以细说，其中有一组汉代的住宅明器颇有意思。汉代的人相信人死之后会进入另一个世界，死者依然要生活，因此，在墓葬中总是要为死者考虑到所有生活所需物件，做成模型与死者葬在一起，这样的东西就称为明器。这一组明器是一组复杂的楼阁，中央一组为三层楼房，左侧也是三层的楼阁，比前者稍小一点，右侧是望楼，具有瞭望和守护的功能，楼上还有一人持弓箭守在窗户前。另外，还有谷仓、井台、灶台、磨坊、羊厩、鸡栏等等，生活所用一应俱全，反映了当时人们的生活用具情况。汉代可能是中国封建社会第一个高度发达的时代，人们生活安逸，游戏赌博之事也有不少，其中"六博"是历史上常有记录的一种游戏，但怎样玩现在已经无人知道了。而这里展出的汉代游戏的陶俑，两人前有一棋盘状方形案，上面划有一些格子，其上分别放一些筹，两人均专注地看着筹案，右侧一人张口露出开心的笑容，显然已是胜算在握，左侧一人双眉紧蹙，正举棋不定。两人的神态表现十分真实质朴。

4-14 房屋模型 东汉

4-15 玩"六博"的人物 东汉

4-13 金铜佛像 北魏

4-16 中国式园林

在展厅中央还仿照苏州的网狮园造了一个中国式庭院,使来这里的游客真正体会中国式园林的情趣。园林旁边的小室,则仿中国文人的家居,桌椅床榻、琴棋书画等摆设一应俱全,表现出中国风格。

中国的书画收藏是大都会艺术博物馆的一大特色。中国传世的绘画品中,凡称为唐代的作品,大多为后人临摹甚至为伪作。而这里收藏的韩幹画《照夜白》却是传承有绪,画中有唐人题字,又有徽宗皇帝亲笔题辞,说明在北宋就已在宫廷流传了。画中的白马头昂起,眼睛直视观者,右前蹄提起,似乎正要嘶鸣,神态极为生动。全画差不多以水墨画成,马鬃部分以细笔丝丝画出,而马富于表情的眼睛则是全画的中心。郭熙的《树色平远图》表现的是乡村小径的田园风光,近处几株树,露出苍劲的虬枝,远处一座小桥,通向丘峦后面的一个亭子。以水墨晕染表现出朦胧的雾色,显示出远近关系,这样的墨法以及蟹爪树枝的画法,是郭熙绘画的风格,但如果比较郭熙的大作《早春图》(台北故宫博物院藏)的谨严精致,这幅画显得随意,而且近处的坡地与树枝的表现似乎还缺一些功底,可能不一定是原作。不过未尝不可以理解为郭熙随意练笔之作,即使是伟大的画家,也有不经意画出的不够谨严的画吧。总之,即使非郭熙所作,《树色平远图》也还是一幅优秀的山水画作品。宋代画家屈鼎《夏山图卷》长达114厘米,以平远山水为主,却反映出山重水复的厚重感,

4-17 韩幹《照夜白》 唐

虽是横卷,却同样具有雄浑的气势,反映着北宋绘画表现大山水的特征。宋徽宗的《翠竹双禽图卷》表现竹枝上的两只鸟,好像在相互唱和,情景颇为感人。传为李唐画的《晋文公复国图》是一个绢画长卷,纵29.4厘米,长827厘米,描绘春秋时期晋文公重耳为太子时出奔国外,大臣狐偃、赵衰、魏犨、介子推、先轸等随行。到宋国,宋襄公赠之以马二十乘。到郑国,郑文公不礼。到楚国,子玉欲杀之,而楚成王敬为上宾。后来在秦国的支持下回到晋国,终于成就霸业。故事情节较多,人物、车马、树木、山水描绘得严整有致。但这幅画是否为李唐所作,学术界也存在怀疑,主要是与李唐其他作品风格差异较大,当然不论是不是李唐所作,这件作品本身还是较成功的,可以称得上是大作。

元代画家赵孟頫《双松平远图》表现出文人画家的诗意，画家以书法的笔法入画，反映出绘画艺术到元代之后一个重要的变化。钱选的《王羲之观鹅图卷》以仿古的青绿山水风格画出竹林背景中的水边亭榭，王羲之在亭中向外面的水池中观鹅。虽说是仿古，但这样的画法其实已不是唐人的青绿山水，而是钱选自己的风格。元朝画家在对传统绘画的继承与改造中建立一些样式，这些样式对后代产生了深刻的影响，从此，绘画中对笔墨形式的追求高于对形体表现的追求，文人情趣的表现成为了绘画的主要目标。不论是黄公望还是倪瓒等画家都在这条道路上展示着自己的风格。

陶瓷也是中国艺术中重要的内容。从博物馆二楼的楼梯口通往亚洲展厅的走廊为塞克勒画廊，这里陈列的主要就是中国的陶瓷艺术。从六朝到唐代的青瓷都令人赏心悦目。而展出的瓷器中，可以看到那些受外来风格影响，富有丝绸之路异国情调的陶瓷似乎特别受到重视。如波斯风格的扁壶，其纹样是中央有胡人跳舞，两侧有乐人奏乐，上部还有两个从莲花中长出的人物，应是佛教的化生形象。还有

4-18　传郭熙《树色平远图》

4-19　李唐《晋文公复国图》（局部）

4-20 绿釉陶瓶 北齐

4-21 双凤图案的茶碗 南宋

4-22 梅瓶 清

几个扁壶有着龙或凤的图案,又装饰着联珠纹。在南北朝到唐代,类似的扁壶由中亚传入中国,而在这里则是中国人以陶瓷材料制出了同样风格的壶。还有一件北齐的绿釉陶瓶,侧面圆形联珠纹中有人面形装饰,而人面的形象显然是中亚一带民族人物,同样是波斯风格。唐朝与外国交往十分密切,在艺术中表现外国人形象也是十分普遍。三彩陶中就有很多胡人的形象,往往是牵马或者牵骆驼行进的样子,形态风趣幽默。

南宋建窑的黑瓷在海外向来深受喜爱,这里展示的一件黑瓷茶碗,内有双凤图案,非常少见。另外两件茶碗则是在深黑的底色中,有如雨点般的花纹,也是品位很高的黑瓷。至于清代以来的瓷器,则在釉彩的工艺,色泽的表现诸方面达到了极高的水平,特别是几件深红色、纯黄色的梅瓶,看了让人不忍离去。

三、印度及东南亚艺术

在中国馆的侧面，印度和东南亚的艺术连在一起，展品的数量也不少。从印度到东南亚诸国，大概都与宗教有关，有不少共性。印度最早流行婆罗门教，后来大约在公元前3世纪到公元5世纪之间，佛教占主导地位，佛教艺术从印度向西向北影响到了中亚诸国及中国，并由中国影响到东亚的朝鲜半岛和日本。从印度向东向南则影响及于斯里兰卡、东南亚诸国如泰国、缅甸及印度尼西亚等国。形成了一个范围极广的佛教文化圈。但在5世纪以后印度教逐渐强大，最后在印度本土取代了佛教。后来伊斯兰教在中亚一带发展起来，并向东南扩展，影响到中国和印度。而中国及东南亚诸国的宗教主流主要是佛教。不过中国的佛教与印度本土的佛教有了很大差异，东南亚诸国的佛教又与中国的佛教不同。在印度本土，除了传统的佛教、耆那教、印度教外，后来又接受了伊斯兰教、基督教等。现在的印度是一个多宗教的国家，每个人都信仰某一种宗教，宗教艺术也成为了印度艺术的特点。佛教、印度教、耆那教在印度来说，由于流传时间久远，艺术作品十分精湛，代表着印度文化的诸多特征。

4-23 犍陀罗佛像 1世纪-2世纪

一件犍陀罗铜佛像（出自巴基斯坦），时代约为1世纪中叶到2世纪，可能是最早的佛像，佛的头冠是圆形锯齿状，以表现放射的光芒。这样的手法令人想起古希腊罗马雕刻中神像

4-24 犍陀罗菩萨像 2世纪　　　　　　　　　　　　　4-25 马图拉佛像 5世纪

的光芒。而佛的衣饰等方面，可以看出明显的西方影响因素，说明这是时代很早的佛像。佛教最初是反对偶像崇拜的，但在中亚的犍陀罗地区则因为受到古希腊罗马艺术的影响，开始造佛像了。因此，犍陀罗的佛像都有明显的古希腊艺术特征。在犍陀罗菩萨像上也可看出这种特征，菩萨的嘴上有两撇胡须，头发呈卷曲垂在后部，表现出中亚人像的特征，他的一只手已失，另一手下垂，看起来应是持净瓶的，可惜净瓶已失。菩萨的飘带裙饰显示出的衣纹，可以看出古希腊雕刻的风格。与之相对，我们还可以看到印度本土马图拉的佛像，这是红沙岩雕刻的佛像，双手双足及背光均已残毁，佛着通肩袈裟，袈裟仿佛是一种极薄的布料，在身体上形成细细的折痕，这就是中国古代画史中所说的"曹衣出水"的特征。这种衣纹的表现有很强的装饰性，这是印度人的审美观。

馆里还收藏有一些南印度的雕刻，是出自纳加尔朱纳康达（Nagarjunakonda）的浮雕。这些雕刻与著名的阿玛拉瓦蒂大塔雕刻为同一风格，也是在白色石灰岩上的雕刻。一件较大的雕刻上可看到两个画面，上部画面残损，右侧可见有人乘大象而来，表现的是摩耶夫人梦见菩萨乘象而来，后来生下了释迦牟尼。这就是"乘象入胎"的情节。下部较完整，表现一人骑马，而马足由四个小人托着，周围有演奏音乐的场面，这是表现释迦牟尼成佛前为悉达太子时，为了探索人生和宇宙等问题而决定出家，当他在一个夜晚骑马要出城时，城门已闭，有四个天人下来托起马足逾城而去。这就是有名的"逾城出家"的故事，是释迦牟尼传记中的典型情节。画面中主要人物在中央，众多的人物显得密密麻麻，但却动态各异，表现出一种整体的韵律。

印度教艺术可能是印度最具代表性的艺术，与佛像的静态相反，印度教的神像总是表现动态，表现舞蹈，显示印度式的人体美。湿婆是印度教的大神，又是舞蹈之神，在各种雕刻舞蹈湿婆中，最有代表性的可能就是在一个圆环中表现的舞神湿婆了。这是一件11世纪的作品，舞蹈的湿婆身体轻盈，两手平伸到圆形的火环，另外两手却在胸前作着舞姿，他的一条腿提起，另一条腿站立，整个身体表现出音乐般的韵律。

4-26 纳加尔朱纳康达浮雕 3世纪

4-27 舞蹈的湿婆 11世纪

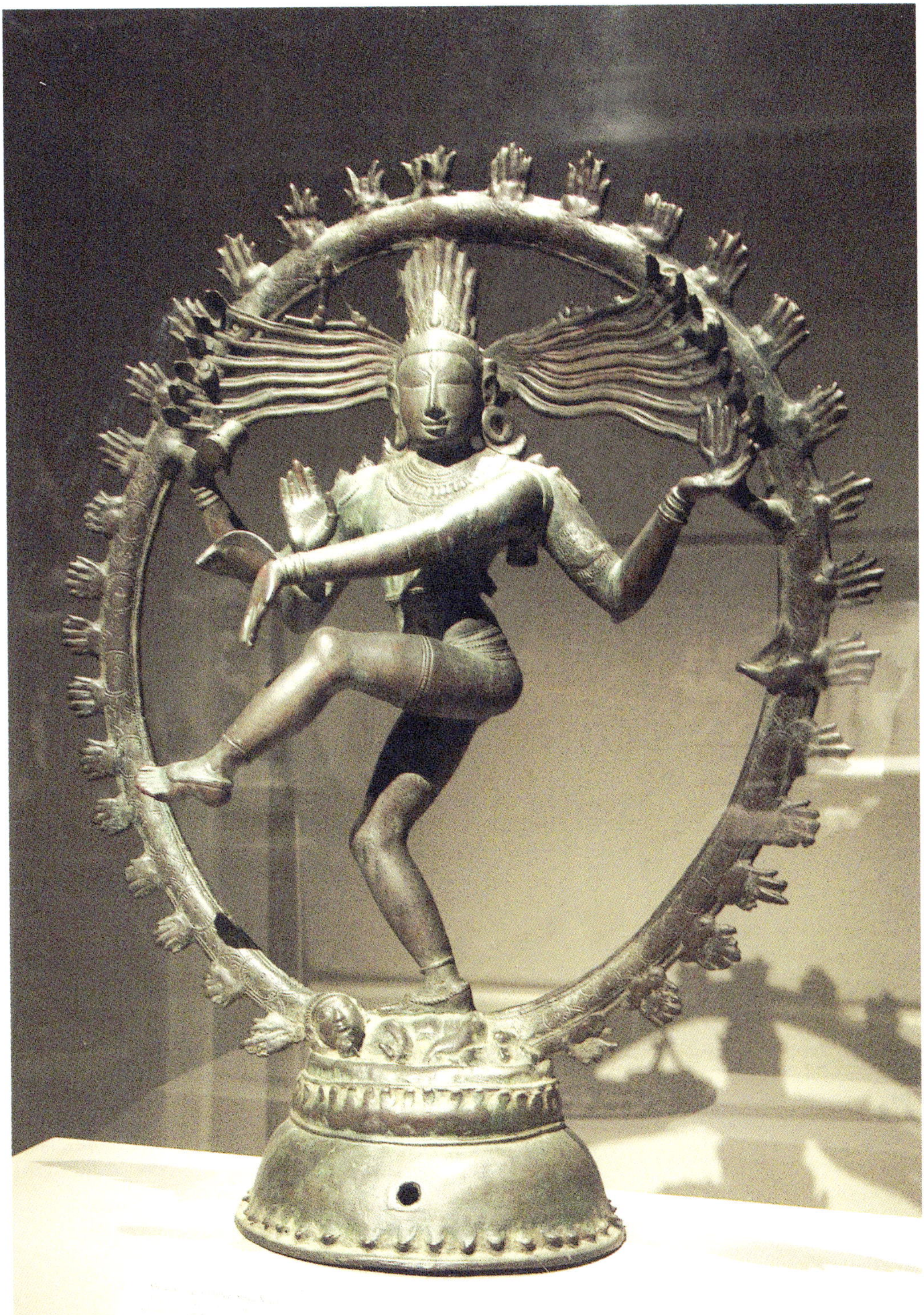

4-28 舞女 12世纪

4-29 雅修达与克里希纳 14世纪

  湿婆作为印度教的主神多以舞蹈的形象出现,在印度教的神庙中,表现舞蹈的天女则是最常见的,一件印度石雕的舞女像,约为12世纪初期的作品,手和腿都残毁了,但强烈扭动的身体,仍可看出舞蹈的动作。华丽的头冠和项饰,以及腰部的装饰,呈S型扭曲的身体,突出的丰乳细腰特征,这些都是印度古代雕刻中最爱表现的风采。

  另一位印度教大神就是毗湿奴,据说他有多种化身,其中之一叫克里希纳。一件14世纪的铜铸作品,表现的是克里希纳的母亲雅修达抱着克里希纳授乳的场面,上身半裸的雅修达温情地抱着年幼的克里希纳,克里希纳嘴里含着母亲的一个乳头,一只手则抓着另一只乳头。这样真实的哺乳场面,富有人性化。

4-30 印度耆那教神庙穹顶 16世纪

4-31 耆那教神庙建筑（仿制）

在展厅的一侧有一幢特别的建筑，下部是仿制的一座印度建筑墙体，顶部安置一座时代约为16世纪前期的木构屋顶，这本是一座耆那教寺庙的穹顶，出自古印度古吉拉特邦的帕坦，包括四面支柱和阳台，完全用柚木制造并在表面加彩，穹顶上原来还有八个音乐舞蹈的天人，现在已失。现在还存有八个神王的形象，而从圆顶的穹顶到四周及阳台都充满了雕刻的人物和装饰花纹，制作十分精致而华丽。

四、古埃及和近东文明

4-32 古埃及木乃伊与棺椁

　　古埃及文明是古希腊罗马文明之源泉，而古希腊罗马文明又是欧洲文明之源。因此，不论是在欧洲还是在美国的博物馆中，古埃及文明一直是深受重视的项目。在大都会艺术博物馆一楼的北侧，有很大的展厅展示着古埃及艺术。由于英、法等国较早地在非洲拓展殖民地，他们从埃及卷走的文物多不胜数，在卢浮宫和英国博物馆就可见其规模，相比之下，大都会艺术博物馆对古埃及文物的收藏就不算什么了。但由于在20世纪初美国曾派考古队直接到埃及进行过考古发掘，从中也获得了不少珍贵的文物,大都会艺术博物馆收藏的古埃及文物达3.6万多件,大部分都陈列在展厅中。漫步在古埃及展厅,你会感到进入了另一个世界。那些装饰华丽盛放木乃伊的棺椁;还有睁着一双双大眼睛注视着你,形态优雅却又表情冷漠的雕塑人物。那些无处不在的埃及象形文字,仿佛不是文字,倒像是一部部动漫影片,诉说着千百年遥远时光的历程。

博物馆保存有不少公元前19世纪到公元前18世纪埃及木棺椁,棺椁外形往往按人的形象雕造出来,尤其是头部,表现为死者的形象。棺椁表面除了绘制神与装饰图案外,还有大量的象形文字,写的是一些唱神的咒语。彩绘图案与文字交织,装饰得金碧辉煌,仔细看来都是一部部浪漫的史诗,记录着那个时代神秘的世界。虽说大多数古埃及的艺术都来自坟墓,都带有那种不可知的神秘,但也有不少雕刻或绘画表现着那个时代真实可感的生活状况。如一件木雕持祭品的妇女(约公元前1981年至公元前1975年),表现一个妇女头顶着一个木制的斗,里面盛放着物品。她的眼睛被夸张地画得大而圆,长发从两肩垂到胸前,这是古埃及人的典型特征,她赤着双足,穿着长裙,长裙上有鱼鳞状花纹。类似这样的形象我们曾在卢浮宫看到,那一组形象比这件早了数百年,而大都会艺术博物馆这一件女子形象雕造和彩绘都更为精致。此外,不论是棺椁表面的绘画还是单独的壁画中,都有不少表现射猎、划船等劳动的场面。而往往在一些小型的雕刻中表现出充满个性的艺术造诣。那些亭亭玉立的妇女雕刻,神情庄严的王者形象以及举步欲前的人物……从这里可以看出古希腊艺术中人物雕刻的灵感,其源泉就在古埃及。

丹铎(Dendur)神殿是一座小型的建筑,是罗马统治埃及的时代建造的(约公元前15年),1965年由埃及政府赠送给美国,后来就安置在大都会艺术博物馆展厅内。大体按原来

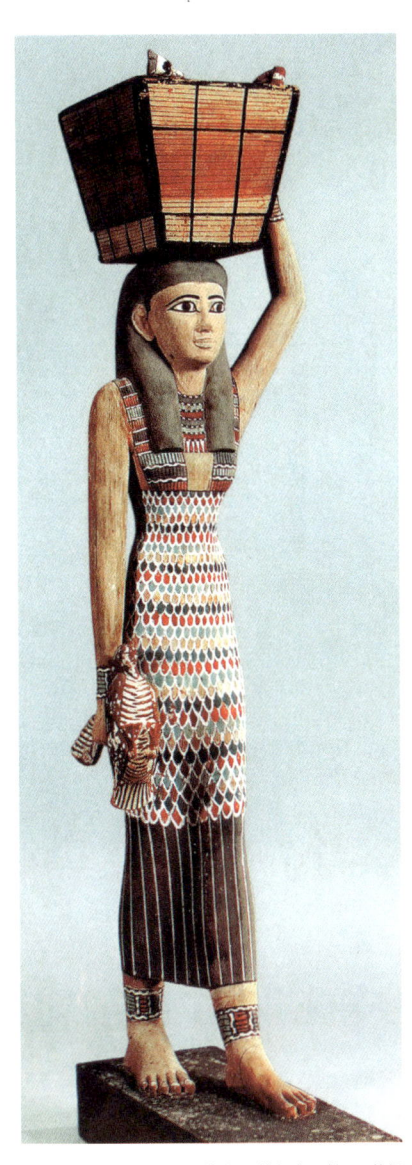

4-33 持祭品的妇女 前20世纪

4-34 丹铎神殿 前15年

的环境复原了这座古朴的神殿，前面有水池，水池后是神殿的正门，门后的神殿造型较简朴，而内部的墙壁上均有浮雕，表现法老向神供奉祭品和其他与神相关的事迹。这样，观众在博物馆就可以感受到古埃及完整的神殿景象，也是十分难得。

西亚的底格里斯河和幼发拉底河形成的冲积平原，称为两河流域。由于这一区域东与整个亚洲相连，西与非洲、北与欧洲相通，因此，两河流域的文明实际上影响着亚、非、欧三大洲的文明进程，同时又是各时代三大洲文明的交汇点。

谷岱亚（Gudea）坐像，是一件重要的文物，谷岱亚是公元前2100年前后苏美尔王朝时代的国王，传世

4-35 丹铎神殿内壁浮雕 前15年

4-36 谷岱亚坐像 前2100年

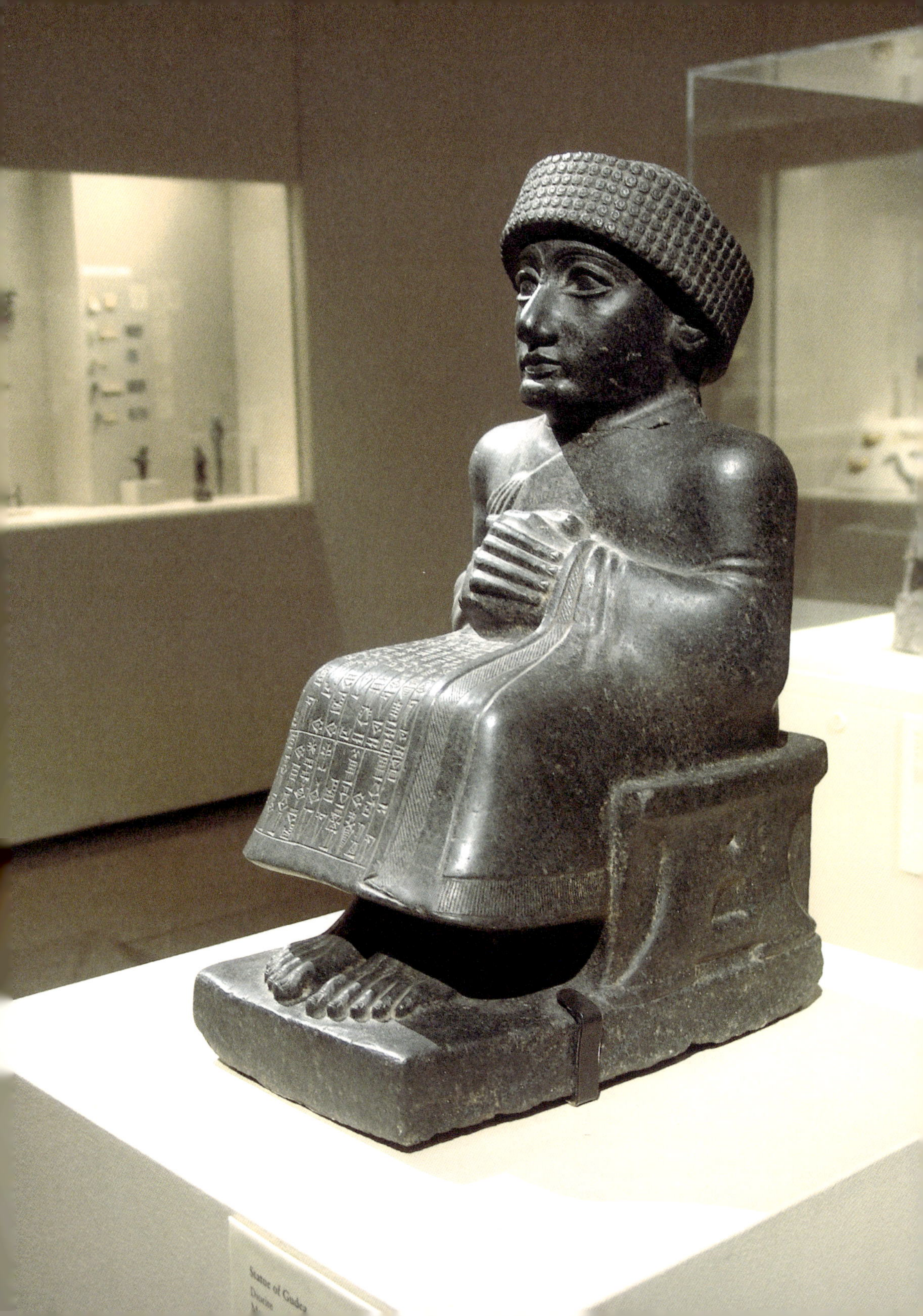
Statue of Gudea
Diorite

4-37 在亚述雕刻前参观的学生们

4-38 波斯狩猎纹银盘 5世纪

的有不少以谷岱亚命名的雕刻,只有这一件是十分完整的,国王头戴圆盘形冠,穿着长袍端坐于椅子上,双手交握在膝前,长袍上刻着一行行楔形文字。这件雕像不论是历史价值还是艺术价值都可与卢浮宫藏品中的谷岱亚立像媲美。公元前9世纪的人头有翼的神兽形象,体形庞大,高达3米多,差不多是亚述时代标志性的雕刻。这里的人首神兽出自亚述王朝的尼姆鲁德宫殿,是作为守护神而安置于宫殿大门两旁的,令人想起中国古代墓葬前面的辟邪、天禄之类的雕刻。其形象特征与卢浮宫和英国博物馆所藏同类作品相同,不再详说。而与之相关联的还有鸟头人身的神兽,也是以巨大的石刻表现出来。连同那些充满射猎和战争题材的浮雕,令人想起那个英雄时代的气魄。

在展厅的另一侧,波斯萨珊时代的文物,则是与中国有密切关系的。波斯萨珊王朝的历史是3世纪至7世纪,5世纪以后,萨珊王朝的文化、宗教、艺术等方面都开始对中国产生影响,萨珊朝的文物对我们来说是十分熟悉的。如金、银制的水瓶、酒器,尤其是表现狩猎纹的金属装饰盘,造型生动,中国北魏以来流行的那些骑马狩猎的形象,从这里就可以找到源头。银制的波斯国王头像是最著名的,据有关研究,

4-40 波斯王像 4世纪

4-41 粟特壁画 3世纪

4-39 银制水瓶 6世纪

这个头像是以萨珊朝沙普尔二世（公元310年至公元379年在位）为原型制作的，用银的薄片打制而成，人面部的眉、眼、胡须等都十分细腻地刻画出来，反映出高超的艺术技巧。一件银制水壶，约为6世纪作品，水壶有一个把手，两侧各有一个女性的形象，可能是表现古代波斯的女神，从水瓶的样式看具有罗马时代末期拜占庭时代水瓶的某些特征，波斯帝国时代模仿古罗马艺术的倾向是十分明显的。

展厅里还有几件3世纪贵霜王朝的壁画，其中描绘有三头四臂的神像，解说牌上写的是印度教的湿婆。最近中国学者对来自波斯粟特族的艺术研究颇多，按姜伯勤等先生的研究，这样的形象可能就是粟特神维什帕卡（Weshparkar），是波斯祆教艺术中较多出现的神。值得注意的是其人物形象和晕染技法，都与龟兹壁画十分接近，显然其间有某种影响的关系。

五、古希腊古罗马艺术

4-42 古罗马石棺雕刻 260年-275年

  提起古希腊的雕刻，人们一定会想起米洛的维纳斯雕像（也称断臂的维纳斯）。实际上在古希腊，类似断臂维纳斯那样的雕像是很多的，不论是表现男人体、女人体，都给人以健康明朗的精神状态，雕刻手法细腻而富于个性，这就是古希腊艺术的精神。在大都会艺术博物馆一楼西侧，古希腊罗马的艺术占了十分广阔的展出空间。在中央过厅里陈列着一些古希腊著名的雕刻，如《受伤的战士》（公元前440年至公元前430年），表现的可能就是特洛伊战争时期牺牲的古希腊战士，战士为裸体，只有一块布从左肩搭下来，他的右手扬起，可能最初是手持兵器的，左手已残，一般来说右手应持盾牌，右胁下表现出受伤之处。

4-43 古希腊雕塑过厅，中央是《受伤的战士》前440年-前430年

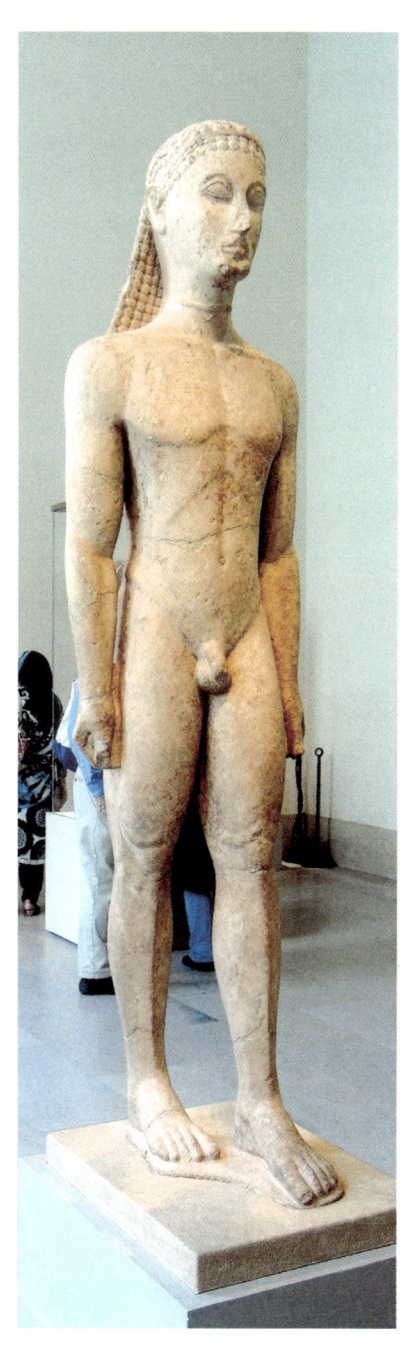

4-44 库洛斯雕像
前590年-前580年

本馆所存最古的希腊雕像可能就是一件大理石雕的《库洛斯雕像》，这是出自希腊阿提卡的雕像，为公元前590年至公元前580年间的作品，这件人像保存了浓厚的古埃及艺术风格，身体略显僵直，面部表情冷漠，双腿一前一后，步履优雅。若无说明，恐怕我们会把它当作古埃及雕刻看待。从这里也可以明白古希腊艺术是继承了古埃及艺术的诸多特征而发展起来的。

罗马的石雕中有一些石棺的雕刻，表现得很生动。如一件大理石棺（约公元前260年至公元前275年）雕刻，表现的是酒神狄奥尼索斯侧身坐在豹子的背上，他的两侧有四个青年或抱花篮，或持树枝、花朵，分别象征着四季，在几个主要人物之间，还有一个小孩穿插其间，人物众多，场面热闹，也许是为了让死去的人在天界过得快乐吧。

除了大理石雕像外，还有很多金属工艺制品以及大量的彩陶器。一件陶制双耳敞口瓶，器形较大，高达108.3厘米，时代约为公元前750年至公元前735年，是较早期的希腊陶器，陶瓶周围的图案也极为古朴，表现内容是死者的葬礼，人物及图案的特点，令人想起古埃及画风。陶器较多的是公元前5世纪前后的，除了器物的形状大小各异，陶器上的彩绘图像也是十分吸引人的，有狩猎和运动的人物，也有饮酒、乘车、出行等生活场景，反映着当时的人们日常生活的情况。

古罗马的壁画也是引人注目的内容。这里展出数十件大大小小的壁画，还复原了一座完整的室内壁画。据说除了意大利本国以外，保存罗马壁画最多的就是大都会艺术博物馆。这些壁画大多是出自庞贝古城（Pompeii）以北的波斯科利尔村（Boscoreale）。这里同庞贝城一样，在公元79年维苏威火山爆发时被埋在土中。壁画大约完成于公元前50年至公元前40年间。壁画的内容为有人物的风景，表现坐在椅

4-45 古希腊彩陶瓶 前750年-前735年

4-46 古希腊彩陶瓶 前5世纪

4-47 波斯科利尔壁画 前50年-前40年

子上演奏基萨拉（古代西亚的一种乐器，类似竖琴）的女人，或者两个相互谈话的人物，持盾牌站立的人物……单独表现的人物多以红色为背景，主题突出，富有生活气息。在一座复原的小室内，四壁的壁画描绘的是豪华的建筑和庭院，绘画中表现出古罗马画家对景物空间透视的成功把握，对人物和建筑的立体表现的追求。不论是人物和景物，画家似乎都喜欢用红色，这一点令人想起敦煌早期的壁画。看来对红色的偏爱并不只是中国人。

4-48 弹基萨拉的女人 前50年-前40年

六、欧洲古典绘画

虽然从时间上说，欧洲中世纪的宗教绘画要早得多，但是令人感受到艺术的曙光，仍然是在文艺复兴之后。在大都会艺术博物馆可以看到波提切利、拉斐尔、提香等文艺复兴时代巨匠的作品。印象较深的是提香的《维纳斯与阿多尼斯》，画面中阿多尼斯牵着猎狗正准备外出打猎，裸体的维纳斯依依不舍地紧紧抱着她的恋人阿多尼斯，背景为晴朗的天空，还有彩虹，只有后面的丘比特紧紧抱着一只鸽子，脸上露出焦虑的神色，预示着悲剧就要发生，而维纳斯则全然不知阿多尼斯将要死去。表现希腊神话的故事，着意描绘悲剧来临前貌似平静的人物，但两人的动态（男主人公在努力向画面右侧行进，而背向观众的维纳斯反身紧抱着阿多尼斯，身体向后扭曲）已在视觉上造成了一种不平衡。画家没有直接表现悲剧发生的情景，却已把观众带入了一种戏剧的想象空间。虽然表现女人体那种官能性的美是提香所擅长的，但在这幅画中，却带给人更深层次的意境。

同样是《维纳斯与阿多尼斯》的题材，在鲁本斯的绘画中，却把裸体的维纳斯画成正面，她满怀柔情地抱着阿多尼斯的右臂，而小小的丘比特也抱着阿多尼斯的右腿，场面更为具体，人性远远大于神性，仿佛是一个世俗人家的离别情景。丰满而富于官能表现的女人体，正是鲁本斯绘画的一大特点。

法国画家布歇也是擅长于画裸体的画家，他的《化妆的维纳斯》表现裸体的维纳斯坐在床台，仿佛是一个贵妇人坐在华丽的房间一样，旁边有三个小丘比特，深色的窗帘和灰色的天空，衬托出维纳斯明净的躯体，这大约是18世纪贵族们最喜欢的色调吧。维纳斯怀里的鸽子是维纳斯的象征之物，珍珠象征着她来自海中。除

了这些象征物外，画面中的人物和环境完全是真实生活中可以见到的。不少评论家批评布歇的绘画过分矫揉造作，表现美神完全没有文艺复兴初期绘画中那种高雅的气质，而只不过是带有性感的女人。不过，这就是法国在18世纪流行的罗可可风格，布歇在当时深受上层贵族欢迎，那些甜腻味的女人像也正是他的风格，也反映了当时上流社会的时尚。

文艺复兴以来，欧洲的杰出画家如群星灿烂，格列柯（El Greco, 1541-1614）也许不能跟达·芬奇这样的大家相比，但是在那个画家们大体都遵循着意大利画家的道路前进的时代，格列柯的艺术却表现出非凡的个性特色，却也令人感慨。格列柯本是希腊人，后来到了威尼斯，在提香的画室学画，在意大利游学之后，定居于西班牙。他的一生并不十分得意，因此，他的画中总是表现出一种惶惑不安的情调，而他独有的略带变形的油画形式，比起古典绘画的惯用形式来说，简直就是一种写意画。他用这样的"写意"画传达了一种对社会危机的预感。即使是风景画，也不是那种春

4-49 提香《维纳斯与阿多尼斯》

4-50 鲁本斯《维纳斯与阿多尼斯》

4-51 布歇《化妆的维纳斯》

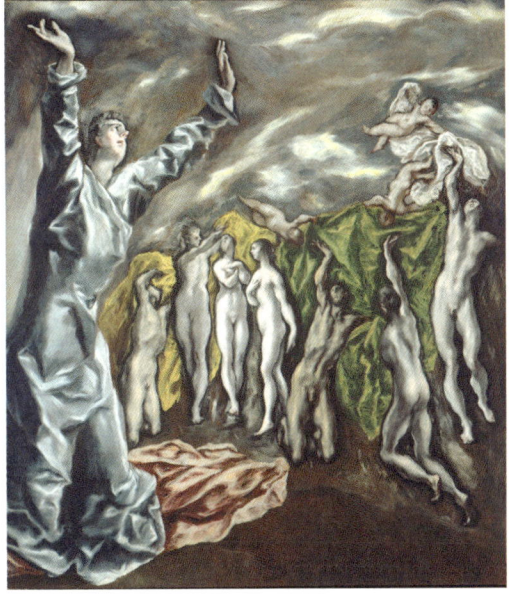

4-52 格列柯《特莱德风景》　　　　　　　4-53 格列柯《传道者圣约翰的幻视》

意盎然的田园风光，而是有点"黑云压城城欲摧"的压抑情调。大都会艺术博物馆的这幅《特莱德风景》据说是格列柯画的唯一一幅纯粹的风景画，画中表现绿色的原野与山丘，山坡上有楼房与教堂，天空是阴云中露出阳光。不论是近处水滨的树木与草丛还是远处的城堡与天空，都显示出诡异和不安的情调，也许这就是格列柯绘画的风格吧。格列柯的很多绘画带有强烈的宗教意义，如《传道者圣约翰的幻视》表现的就是圣经《启示录》的内容，圣约翰看到了那些被暴君虐杀的灵魂向上帝祈求审判，上帝赐给他们白色的衣服，要他们稍作等待。画面中约翰高举双手向着天空，远处是裸体的男男女女，他们都是被虐杀者的灵魂，约翰身体夸张地拉长，天空乱云飞度的状况，以及裸体的灵魂向上伸着手祈求的场面，使画面充满了莫名的激烈气氛，形成强烈的宗教感染力。

　　展出的伦勃朗绘画品也很多，伦勃朗的油画与佛罗伦萨那些富于神话色彩的故事和浪漫的画面完全不同，他画的都是十分真实的生活中的人和事。伦勃朗的画展示出那个时代荷兰人的普通的活动场景与人物性格，而画家富有生活情趣的细腻描绘，以及对光感的追求，也使人难以忘怀。伦勃朗画过很多《自画像》，这里展出的《自画像》是画家晚年所绘，画中人物饱经沧桑的面容和深邃的目光，使人感受到画家丰富的精神世界。

欧洲古典绘画中，戈雅（Francisco Goya，1746-1828）的绘画也有不少人物画的代表作，戈雅也很擅长于在强烈光影对比中表现人物，《露台上的玛哈》中靠近栏杆的两个女人衣着华丽，头巾和长裙映衬着她们面部和胸部的肌肤，而在他们身后还有两个男子，一站一坐，却是穿着黑色的衣服，裹着头巾，差不多是隐藏在黑暗的背景中，这样的场面显得有些暧昧，同时也富有某种戏剧效果。

展厅中还有富于田园风格的普桑的绘画，令人情绪振奋的透纳的风景画等，难以细说。英国画家庚斯勃罗和托马斯·劳伦斯都有一些重要的人物画，令人流连忘返。庚斯勃罗（Tomas Gainsborough，1727-1788）就是画了《蓝衣少年》而广为人知的画家，他喜欢蓝色的风格，他的《艾略特夫人》以一面单纯灰色的墙体为背景，只在画面左侧画出树林的远景和天空，正欲行走的人物似乎拉长了，白皙的肌肤、金色的丝质衣服在灰色背景中更显得金光灿灿，体现出贵族气质。托马斯·劳伦斯（Sir Thomas Lawrence，1769-1830）的《达比伯爵夫人》与前者有类似的风格，但画家把人物安置在一片田园的背景中，远处的树木和天空的云霞，衬托着人物显得更为修长。主人公采取背着身而回头的姿态，更富有情趣，而且画幅高达 238 厘米，又有一种特别的感人之力量。当然，不论是背景还是人物的动作都有一种在舞台上精心设计的效果。这一点仍然与法国罗可可风格有异曲同工之感。

4-54　伦勃朗《自画像》

4-55　劳伦斯《达比伯爵夫人》

4-56 戈雅
《露台上的玛哈》

七、19 世纪的欧洲绘画

4-57 欧洲19世纪艺术展厅一侧

  在大都会艺术博物馆二楼西侧，是欧洲 19 世纪绘画展厅，这里向来都是观众最多的场所。从巴比松画派的柯罗，到现实主义画家库尔贝，直到印象派大师莫奈、毕沙罗、雷诺阿、德加以及后印象派的塞尚、高更、梵高等，多少激动人心的绘画作品，都集中到了这里。

  19 世纪的欧洲绘画通常是从新古典主义画派开始的，达维特和安格尔的作品是最吸引观众的地方。《苏格拉底之死》是达维特的代表作之一，苏格拉底这位古希腊的哲学家，欧洲文化中具有重要影响的人物，由于对当时社会的批判而被处以死刑。

4-58 达维特《苏格拉底之死》

他没有选择逃亡,而是从容地喝下了毒汁。画面中苏格拉底坐在床上,上身半裸,左手扬起上指,表明他坚持自己的主张,右手伸出,正要接下别人递给他的毒汁。周围的弟子们都为他的死悲痛不已。而他的表情平静,体现出视死如归的精神。达维特生活在法国大革命的时代,他的作品往往以历史故事来激励人们的革命精神。

同为新古典主义的安格尔更多地表现出与政治形势无关的题材,而在绘画技法的细腻,意境的清新隽永等方面更有特色。《布洛伊公爵夫人》是安格尔的肖像画杰作之一,全画以公爵夫人华美的宝石蓝衣服形成了一个蓝色调的气氛,灰色的墙体为背景,突出了人物恬静而高雅的神态。从人物面部表情,匀润的肌肤,丝质的衣料,以及人物靠着的沙发等等各个部位都表现得一丝不苟,反映了安格尔绘画的深厚功力。

在巴黎郊外枫丹白露宫殿附近有一片森林,这是19世纪很多画家们喜欢的地方,他们住在森林边的一个叫巴比松的村里,在那里画风景和人像,交流思想。这些画

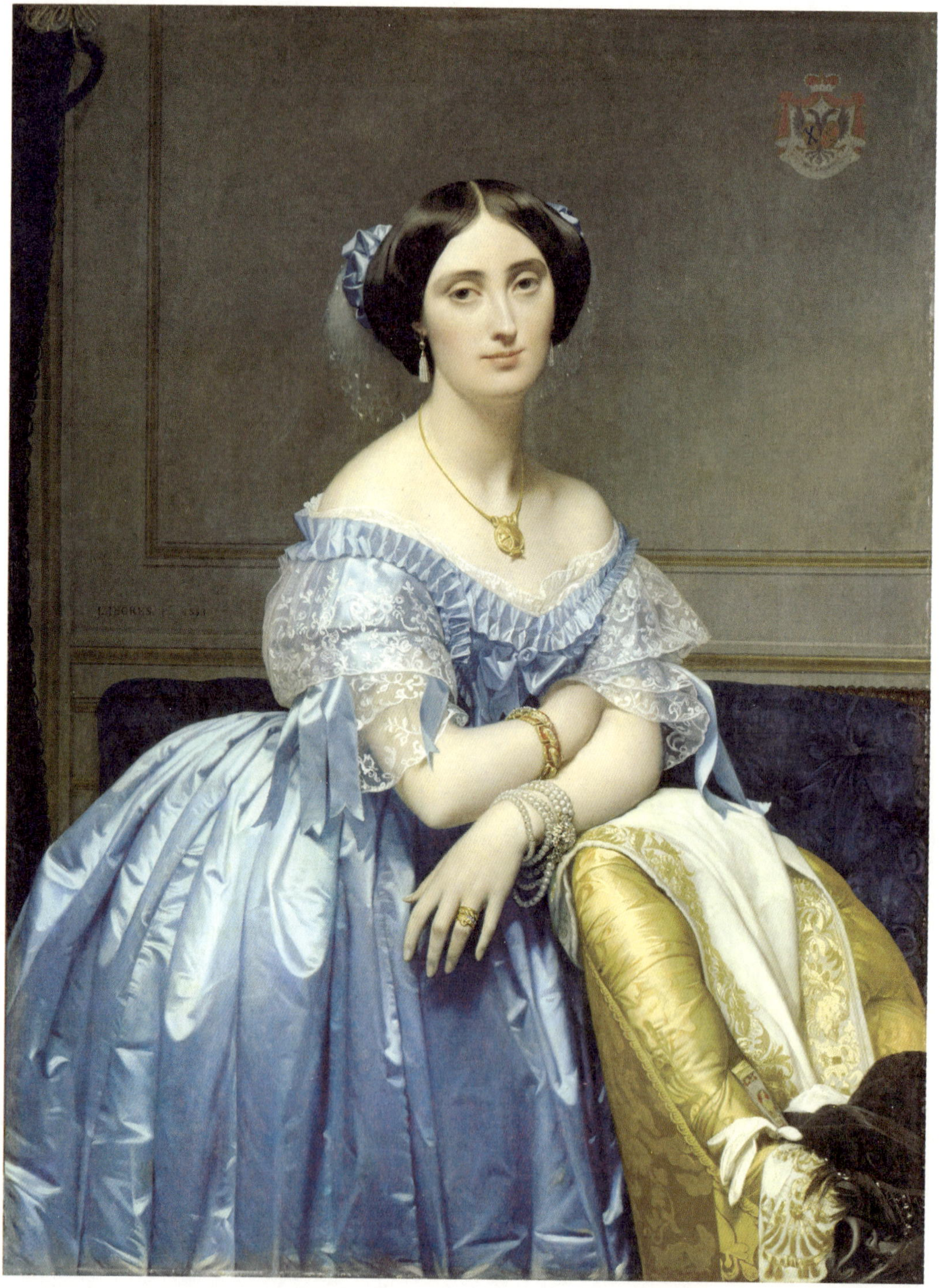

4-60 柯罗《西比勒》

4-61 库尔贝《乡村的女人们》

4-59 安格尔
《布洛伊公爵夫人》

家被称为"巴比松画派",柯罗(Camille Corot,1796-1874)就是这个画派的代表人物,他擅长于画晨曦中或黄昏时的森林,在树林中点缀着一些神话人物,使画面具有浪漫的味道。不过,柯罗不仅仅画风景,他的人物画也同样别具风格,这里展出的柯罗的几幅人物画,其中《西比勒》据研究是模仿拉斐尔的人物画,但未完成,表明柯罗对文艺复兴时代艺术的学习。而柯罗只是表现普通的生活中常见的人物形象,更具有现实特色,这一点与当时流行的现实主义画派主张是一致的。常常与柯罗在一起画画的库尔贝和米勒等人,则更喜欢表现真实的社会生活,米勒以画乡村劳动的农民而著称,库尔贝(Gustave Courbet,1819-1977)则成为了现实主义绘画的代表人物。库尔贝的《乡村的女人们》表现在乡村风景中的几个妇女,旁边的草地上还有牛和狗。这样的画面当然与古典绘画中历来表现的那些贵族生活大异其趣,因而在当时受到广泛的非难,说明法国绘画传统势力是何等强大。杜米埃(Honore Daumier,1808-1879)也是现实主义绘画的重要人物,他更注重表现下层劳动人民的生活,还画了大量的漫画,讽刺当时的统治阶级和种种丑态。《三等车厢》就是杜米埃的代表作之一,那是火车刚刚开始被运用的时代,拥挤的车厢里,坐在前面的两个妇女显然是劳动者的形象,左侧一人怀里抱着婴儿,中间的一个扶着腿上的筐,

大都会艺术博物馆

眼神中露出忧郁，也许正在为生计发愁吧，在她旁边的小孩已经靠在座位上睡着了。

以《草地上的午餐》而名噪一时的马奈（Edouard Manet, 1832–1883），差不多可以看作是印象派的先驱，他的《在游船上》表现游船上的两个人，看来是近距离作画，不论是坐在船尾的男子还是侧面的女子都有一种局促之感，在画面中央坐着的男子白色的衬衣与背景的水面形成强烈对比，单纯而真实地表现户外阳光下的人物，这是印象派追求的画面效果，人物的动作和表情都是摄取某一个动作的瞬间，毫无造作之感，这些都是对古典绘画习惯的一种反叛。

莫奈（Claude Monet, 1840–1926）的风景，从类似《印象日出》的那种表现强烈光感与空气笼罩的气氛，到明朗阳光下色彩斑斓的人物等，体现出油画艺术发展的一个新的时代。而到了他晚年绘制的大量荷池与莲花的题材，则表现出不追求细节的刻画而对景物浑然一体的把握。他的《睡莲》如果从近处看，只是飞舞的笔触，好像是很随意地把颜料点在画布上，只要你在稍远的距离看时，却发现水池在阳光下闪烁的光点和莲花富有生命

4-62 杜米埃《三等车厢》

4-63 马奈《在游船上》

4-64 莫奈《睡莲》

的神采。这一点与中国画的写意是相通的。中国画（尤其是文人画）并不是抽象画，它离不开具体的形，但却不是为了描绘形，而是通过形来表现画家自己的思想与情绪。欧洲绘画经历了很长时期写实的发展，把写实技法发展到了极致。而对于超越写实的意境表现，则是到了印象派之后才形成一种大家认可的倾向。

雷诺阿画中表现柔和而带有脂粉气的妇女和儿童形象，德加画中那些富于动感的舞女形象，都体现着印象派艺术对人物的表现力。雷诺阿《乔治·夏邦杰夫人与她的孩子》是画幅较大的作品（153.7厘米×190.2厘米），表现乔治·夏邦杰夫人侧躺在沙发上，眼睛充满爱意地看着身前的两个孩子。最小的孩子保罗穿着与姐姐同样的服装，正面对左侧姐姐，夏邦杰夫人身着黑色的大衣，衬托出两个孩子粉蓝色的衣服和白色的肌肤，显得明亮而温馨。

而像雷诺阿这样表现人间温情的绘画，到了后印象派就不复存在了。高更、梵高和塞尚的绘画表现的完全是另一种境界。高更来到远离现代社会的塔希提岛，他对塔希提岛上人物风情的描绘，也把人带到了另一个世界。《伊阿·奥拉纳·玛丽亚》这幅画以塔希提岛的人物为原型来表现基督教神话故事，一改欧洲古典神话绘画的格局，南方海岛风情的景色，天使也是纯朴的土著妇女。也许这是高更心目中的天

4-65 梵高《柏树》

4-66 雷诺阿《乔治·夏邦杰夫人和她的孩子们》

4-68 德加《舞女》

4-67 雷诺阿《乔治·夏邦杰夫人和她的孩子们》（局部）

使吧。强烈而带有平面性的色彩表现，这就是高更式的绘画特征。

梵高，也许永远是一个不合群的画家，他的绘画也是别人无法想象的。《杰努夫人像》以金黄色为背景，人物则穿着深蓝色的衣服，形成强烈的对比，这以古典艺术的习惯来看，简直就是疯狂。他的《柏树》表现原野中挺拔的柏树，明亮的蓝天白云衬托出杉树的枝叶仿佛燃烧的火焰一样伸向天空，近景的花草也有跳动之感。这是梵高特有的笔触，比起他的另一幅名作《星月夜》（纽约现代艺术博物馆藏）来，这幅风景更多地体现着明亮和热情。《鸢尾花》也是梵高的静物画代表作之一，简约明朗的色彩和向四处伸展的花与叶，散发着生命的力量。表现花与叶明显的线条，你会感到仿佛是中国画的笔法——那种抑扬顿错的节奏感，形成一种美丽的韵律。还

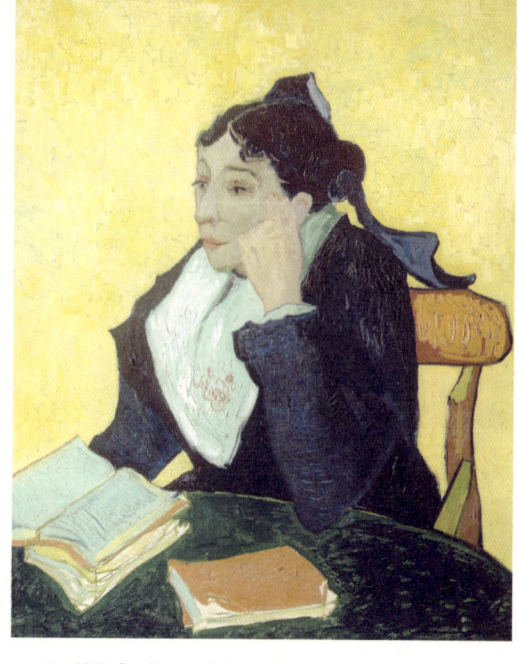

4-69 高更《伊阿·奥拉纳·玛丽亚》　　　　　　　　4-70 梵高《杰努夫人像》

有不少以向日葵为主题的作品，也体现着一种东方情调。

塞尚多绘静物、风景，他的人物画也像静物一样体现着一种宁静的风格，《玩桥牌的人们》画出围在小桌上玩牌的三个人，后面还有一人站着观看他们的游戏。人物服装强烈的色彩对比，形成一些富有体积感的块面，这些在后来的立体主义更加发扬光大。而在塞尚的画中，这些色彩与每个人专注的气氛是非常协调的。

世界画坛的巨匠毕加索，他的一生都充满了创造力，仿佛有着无穷无尽的精力。后来的研究者把毕加索绘画发展的过程总结为蓝色时期、玫瑰色时期、分析的立体主义时期、综合的立体主义时期、新古典主义时期等等。光从这些名目来看，就知道他的一生有过多少风格上的变化，而且毕加索不光是画油画，他还在版画、雕塑、陶瓷、素描、拼贴艺术等领域创作了大量的作品。毕加索一生的作品有人估计

4-71 塞尚《玩桥牌的人们》

为六万多件，可知他创作之勤。由于毕加索作品数量极多，在世界很多博物馆都收藏有毕加索的作品。大都会艺术博物馆的藏品中，有不少是毕加索重要时期的代表作，《盲人的早餐》是毕加索早年（蓝色时期）的一幅作品，盲人手里拿着一块面包，另一只手向旁边的水瓶摸索。阴郁的蓝色调，表现出下层贫困人民黯淡的生活。《在狡兔酒吧》中可以看出毕加索对德国印象主义画家劳特累克的借鉴，画中毕加索把自己描绘成一个小丑形象，画面是当时流行的招贴画风格。这幅表现波希米亚式生活情调的作品，成为毕加索在风格转变期的代表作。《格特鲁德·斯坦因像》则是毕加索由玫瑰色时期向立体主义时期过渡的代表作。格特鲁德·斯坦因是一个美国作家，她的哥哥则是一个艺术品收藏家，他们对毕加索的作品非常喜欢，因而毕加索曾以格特鲁德·斯坦因为模特画人像。为此，格特鲁德·斯坦因曾造访毕加索的画室八十多次，最后画出的肖像令斯坦因非常满意。可是，那一年毕加索从西班牙度假回来之后，突然把这幅肖像的面部涂掉，重新按记忆中的形象画出人物的面孔，

4-72 毕加索《格特鲁德·斯坦因像》

4-73 毕加索
《在狡兔酒吧》

形成了现在这幅画的样子。据说格特鲁德·斯坦因长的样子很粗壮，绝不像欧洲美女的身材和相貌，但是毕加索却对她非常感兴趣，反复地画她的形象，那一段时间，毕加索从非洲艺术中受到了一些启发，或许他开始思索绘画不应该像摄影一样仅仅把对象真实地描绘出来，于是他开始了改变的行动，之后，他不断地对人物进行变形，创作了立体主义的人物画。这一幅肖像画的面部表现，就像安在头上的一个面具一样，人物的形体出现了分离的状况，这正是立体主义所追求的。因此，这幅画预示了毕加索此后的艺术发展。

20世纪以后，越来越多的现代艺术家均从东方艺术中获得灵感和技法上的突破，

4-75 克里姆特《玛达·普利马弗斯》

4-74 马蒂斯《旱金莲与〈舞〉》

马蒂斯的作品就直接采用东方式的平面装饰效果来作画，他的《旱金莲与〈舞〉》描绘的是画家的画室，背景为一幅巨幅画作《舞》，画面右侧台子上放置一盆旱金莲花，左下角还能看到椅子的一角。色彩完全平涂，大面积的蓝、绿及橙色都是马蒂斯喜欢的颜色。关于《舞》的作品，我们在冬宫博物馆已看过一幅大型的绘画，这一主题马蒂斯画过很多幅，除了冬宫博物馆那幅外，还有两幅分别为纽约现代艺术博物馆和莫斯科国立普希金艺术博物馆所藏。

同样热衷于东方艺术的克里姆特（Gustav Klimt，1862-1918），在他的作品中表现更多的装饰性，以及出人意表的构图风格。克里姆特是维也纳分离派的中坚力量，他的作品吸收古埃及、希腊及中世纪诸艺术要素，具有强烈的平面性和装饰风格。《玛

4-76 阿尔伯特·比斯塔特《落基山脉·兰德峰》

达·普利马弗斯》是为实业家奥托·普利马弗斯的女儿玛达画的一幅像，画家采用了一种直立的正面形象来表现这位九岁的少女，白色的连衣裙上部点缀着花朵，背景仿佛是紫色的天空和绿茵中的花卉。全画色彩明亮而轻盈，表现一个充满活力的少女，这样的画面是古典绘画中绝不可能看到的。

19世纪的美国绘画也有不少重要作品。当欧洲画家们热衷于华丽其表的罗可可风格之时，美国画家的写实性风景，给人以耳目一新之感。阿尔伯特·比斯塔特（Albert Bierstadt, 1830-1902）的《落基山脉·兰德峰》和弗雷德里克·埃德温·丘奇（Frederic Edwin Church, 1826-1900）的《安第斯山谷》都是表现美国自然风光的巨制，两幅画的长度都超过三米，表现绵延的山脉、树林、原野以及山中的瀑布。欧洲自巴比松画派、印象主义流行以后，画风景的画家越来越多，然而，欧洲的自然环境也仅仅是表现田园风光和一些森林景象，所以在欧洲画家的风景中，很难看到气势壮

4-77 弗雷德里克·埃德温·丘奇《安第斯山谷》

阔的大山水景象。而美国则不同，由于土地辽阔，高山大川也较多，给画家们提供了取之不尽的源泉。正是美洲大陆这样广袤的原野，雄奇的自然风光，使美国画家可以表现出这样气势非凡的作品来，这是生活在欧洲的画家们无法想象的。

在人物画方面，惠斯勒、萨金特以及卡萨特等画家的作品也都足以与法国印象派画家们相媲美。萨金特（John Singer Sargent，1856-1925）出生于佛罗伦萨，但父母都是美国人，他从小在意大利受到良好的美术教育，后来到了巴黎，与印象派画家莫奈等交往甚密，绘画也自然受到印象派的影响。但他在绘画上赢得更大的声誉，则是在1885年移居英国之后，他的绘画虽然采用了印象派的画法，但是在情调上，更接近于英国那种婉约而典雅的风格，所以，在伦敦得到很高的荣誉。其后他来往于英、美之间，并到各地旅行，使他的绘画内容丰富而色调明快。大都会艺术博物馆收藏的《X夫人》是萨金特人物画的代表作品，人物以上半身白色的肌肤与黑色的长裙对比，体现出高雅的气质。而面部呈90度半侧面，也是出人意表的形式，单纯的背景，似乎使人感到古典主义的那种舞台般的效果，但画面的笔触以及独特的色彩效果，则体现出萨金特人物画的个性特征。

4-78 萨金特
《X夫人》

主要参考文献

中文著作：

1. ［法］丹纳著，傅雷译：《艺术哲学》，人民文学出版社，1983年。
2. 迟轲：《西方美术史话》，中国青年出版社，1983年。
3. ［美］鲁道夫·阿恩海姆著，滕守尧、朱疆源译：《艺术与视知觉》，中国社会科学出版社，1984年。
4. 苏联艺术科学院美术理论与美术史研究所编，严摩罕等译：《文艺复兴欧洲艺术》（上、下），人民美术出版社，1985年。
5. ［英］唐纳德·雷诺兹等著，钱乘旦、罗通秀译：《剑桥艺术史》（1-3），中国青年出版社，1994年。
6. ［法］雷奈·格鲁塞著，常任侠、袁音译：《东方的文明》（上、下），中华书局，1999年。
7. ［法］罗丹著，啸声译：《法国大教堂》，广西师范大学出版社，2002年。
8. ［意］达·芬奇著，戴勉编译：《达·芬奇论绘画》，广西师范大学出版社，2003年。
9. 王镛：《印度美术》，中国人民大学出版社，2004年。
10. 《英国博物馆纪念册》，英国博物馆出版社，2004年。
11. 《冬宫博物馆》，Ivan Fiodorov出版社，2005年。
12. 朱伯雄：《西方美术史十讲》，上海人民出版社，2007年。
13. 《卢浮宫指南》，法国国家博物馆出版中心，卢浮宫出版社，2011年。
14. 《大都会艺术博物馆指南》，大都会艺术博物馆，2012年。

外文著作：

1. 『世界の美術館1』：ルーヴル美術館Ⅰ、東京：講談社、1965年。
2. 『世界の美術館2』：ルーヴル美術館Ⅱ、東京：講談社、1965年。
3. 『世界の美術館3』：大英博物館Ⅰ、東京：講談社、1973年。
4. 『世界の美術館4』：大英博物館Ⅱ、東京：講談社、1973年。
5. 『世界の美術館10』：メトロポリタン、東京：講談社、1973年。
6. 『世界の美術館25』：エルミタージュ美術館、東京：講談社、1973年。
7. 『グランド世界美術』（1-25册）、東京：講談社、1974-1978年。
8. ［法］贡布里希著，部友直译『美術史の步み』、東京：美術出版社、1983年。
9. 『世界美術大全集』：西洋編（1-28卷）、東京：小学馆、1992-1997年。
10. *Lost Empire of the Silk Road: Buddhist Art from Khara Khoto (X-XIIIth century)*, Mikhail Piotrovsky ed., Electa, 1993.
11. 宮治昭『ガンダーラ仏の不思議』、東京：講談社、1996年。
12. 高階秀爾『西洋美術史』、東京：美術出版社、1998年。

图片索引

一、卢浮宫博物馆

1-1 巴黎协和广场的方尖塔 006
1-2 巴黎圣母院夜景 007
1-3 塞纳河 008
1-4 亚历山大三世桥的桥头雕塑 008
1-5 埃菲尔铁塔 009
1-6 萨克雷教堂 009
1-7 卢浮宫外景之一 010
1-8 卢浮宫外景之二 011
1-9 卢浮宫外的小凯旋门 011
1-10 作者在卢浮宫前（2003年） 012
1-11 卢浮宫阿波罗画廊 012
1-12 拿破仑三世套房 013
1-13 艾比伊尔像 约前2500年 014
1-14 伊斯塔尔女神 前2500年 015
1-15 汉谟拉比法典碑 前18世纪 015
1-16 那南·辛王石碑 约前2270年 015
1-17 古埃及雕刻 书记官 前2500年 016
1-18 带翅人面牛身像
　　　前721年－前750年 017
1-19 有翼的人像浮雕 约前8世纪 017
1-20 古巴比伦宫殿镶嵌壁画
　　　约前6世纪 017
1-21 拉赫尔卡与梅尔桑柯 约前2500年 018
1-22 孟菲斯夫妇像
　　　约前2350年－前2200年 018

1-23 斯芬克斯 前21世纪－前19世纪 018
1-24 献祭品的女人 约前2400年 019
1-25 古埃及的棺椁 020
1-26 划船的人们 约前1900年 020
1-27 古埃及三角形竖琴 前7世纪 020
1-28 古埃及墓碑上的绘画
　　　前21世纪－前19世纪 021
1-29 敦煌壁画弹箜篌的飞天
　　　538年－539年 021
1-30 胜利女神小型雕像 约前2世纪 022
1-31 胜利女神雕像之一 约前190年 023
1-32 胜利女神雕像之二 024
1-33 米洛的维纳斯像 前2世纪末 024
1-34 米洛的维纳斯像（局部） 024
1-35 阿芙罗狄特 前410年 025
1-36 蹲着的女神阿芙罗狄特
　　　1世纪-2世纪 025
1-37 古希腊彩陶瓶 前5世纪 026
1-38 古希腊彩陶瓶 前5世纪 026
1-39 皮翁比诺的阿波罗像 约前500年 026
1-40 古希腊雕塑展厅 027
1-41 一位老师在达·芬奇《岩间圣母》
　　　画前给学生们讲解 028
1-42 达·芬奇《圣母子与圣安娜》 029
1-43 达·芬奇《蒙娜丽莎》 029
1-44 拉斐尔《园丁》 031

1-45　拉斐尔《园丁》（局部）031
1-46　米开朗基罗《被缚的奴隶》030
1-47　米开朗基罗《濒死的奴隶》032
1-48　波提切利《维纳斯和美惠女神送
　　　礼物给少女》032
1-49　波提切利壁画（局部）033
1-50　乔尔乔内《田园合奏》034
1-51　丢勒《自画像》034
1-52　古典绘画展厅一角　035
1-53　鲁本斯绘画展厅　035
1-54　鲁本斯《美第奇抵达马赛港》036
1-55　鲁本斯《美第奇抵达马赛港》（局部）037
1-56　鲁本斯《海伦娜·芙尔曼及二子》038
1-57　普桑《阿卡迪亚的牧人》038
1-58　华托《舟发西苔岛》039
1-59　华托《出浴的狄安娜》041
1-60　布歇《出浴的狄安娜》041
1-61　格瑞兹《打破的水壶》041
1-62　格瑞兹《卖牛奶的姑娘》040
1-63　古典绘画展厅一侧，近处是
　　　《拿破仑的加冕典礼》042
1-64　席里柯《梅杜莎之筏》043
1-65　古典绘画展厅一角　043
1-66　德拉克洛瓦《撒旦纳巴勒斯之死》044
1-67　德拉克洛瓦《阿尔及尔的妇女》044
1-68　德拉克洛瓦《自由女神引导着人民》045
1-69　巴黎的凯旋门　046
1-70　凯旋门上的浮雕：吕德《马赛曲》047
1-71　达维特《荷拉斯兄弟之誓》048
1-72　达维特《拿破仑的加冕典礼》（局部）048
1-73　达维特《萨宾妇女》049
1-74　达维特《萨宾妇女》（局部）049
1-75　安格尔《大官女》050
1-76　安格尔《浴女》050
1-77　热拉尔《爱神与普赛克》050
1-78　柯罗《莫特枫丹的记忆》051

二、英国博物馆

2-1　英国博物馆外景之一　054
2-2　伦敦大本钟　054
2-3　泰晤士河远眺　055
2-4　作者在泰晤士河边　055
2-5　英国博物馆外景之二　056
2-6　英国博物馆内庭院之一　057
2-7　英国博物馆内庭院之二　058
2-8　英国博物馆中的古埃及展馆　058
2-9　英国博物馆中的国王资料馆　059
2-10　乌尔之旗　约2600年　060
2-11　女神伊斯塔尔
　　　前1792年－前1750年　061
2-12　王宫守护神兽石像　约前865年　062
2-13　亚述王的方尖碑
　　　前858年－前824年　062
2-14　亚述王宫的浮雕神像　约前645年　063
2-15　亚述王宫雕刻战车　约前650年　063
2-16　亚述王宫的浮雕狩猎图　约前650年　063
2-17　拉美西斯二世雕像　约前1270年　064
2-18　阿梅诺菲斯三世头像　约前1390年　065
2-19　古埃及棺椁（右侧金色的就是亨努特梅特
　　　的棺椁）约前1250年　066
2-20　古埃及棺椁　约前1250年　067
2-21　努特女神给人们水和食物
　　　前1250年　067
2-22　棺内的绘画　约前1250年　068
2-23　古埃及壁画　乐舞图　前1500年　069
2-24　希腊风格的斯芬克斯像　2世纪　069
2-25　古埃及壁画　狩猎图　前1400年　070
2-26　亡灵书　前1250年　070
2-27　古希腊雕刻展厅　071
2-28　巴特农神殿雕刻之一　约前435年　073

2-29 巴特农神殿雕刻之二 约前435年 073
2-30 巴特农神殿雕刻之三 约前435年 072
2-31 涅内伊德碑亭下部浮雕 前380年 074
2-32 古希腊神殿立柱雕刻 约前410年 074
2-33 涅内伊德碑亭 前380年 075
2-34 古希腊雕刻祭司像
　　　前500年－前480年 076
2-35 阿波罗头像 2世纪 076
2-36 古希腊雕刻人像 前4世纪 076
2-37 古希腊彩绘瓶 前5世纪 077
2-38 古希腊彩绘瓶 前5世纪 077
2-39 古希腊彩绘盘 前5世纪 077
2-40 古希腊双耳瓶
　　　前530年－前525年 077
2-41 阿玛拉瓦蒂大塔浮雕之一 2世纪 078
2-42 阿玛拉瓦蒂大塔浮雕之二 2世纪 079
2-43 阿玛拉瓦蒂大塔浮雕之三（佛传故事）
　　　2世纪 079
2-44 佛传故事局部（释迦诞生）2世纪 079
2-45 萨尔那特雕刻佛像
　　　5世纪－6世纪 080
2-46 犍陀罗雕刻佛像 2世纪－3世纪 081
2-47 犍陀罗雕刻 尸毗王本生 2世纪 081
2-48 宝石镶嵌金舍利盒 1世纪－2世纪 082
2-49 塔克西拉出土菩萨头像
　　　5世纪－6世纪 082
2-50 尼泊尔鎏金观音菩萨像 082
2-51 印度教雕刻 诃里诃罗 约1000年 083
2-52 斯里兰卡的多罗菩萨像 8世纪 084
2-53 观音菩萨像 北齐 085
2-54 青铜摔跤人物 东周 086
2-55 开化寺阿弥陀佛像 隋 087
2-56 阿弥陀佛像（局部） 087
2-57 水月观音像 北宋 088
2-58 三彩罗汉像 辽 089

2-59 明代壁画 090
2-60 石刻说法图 唐 090
2-61 宋代瓷器 090
2-62 传顾恺之《女使箴图》(局部) 091
2-63 《仿李麟公华严经变相图》(局部) 091
2-64 敦煌绢画《引路菩萨》唐 092
2-65 敦煌绢画《说法图》唐 093
2-66 敦煌绢画《佛传》(局部) 唐 094
2-67 敦煌绢画《金刚力士》唐 095
2-68 敦煌绢画《行道天王》唐 096
2-69 敦煌白描《牵驼》宋 097
2-70 古代的粉本 五代 098
2-71 敦煌刺绣《灵鹫山说法图》盛唐 099

三、冬宫博物馆
3-1 涅瓦河边远眺冬宫 102
3-2 彼得保罗大教堂 103
3-3 涅瓦河畔的彼得保罗要塞 103
3-4 彼得保罗要塞的大炮 103
3-5 冬宫广场 104
3-6 冬宫－约旦厅 105
3-7 冬宫外景之一 106
3-8 冬宫外景之二 106
3-9 冬宫－彼得厅 107
3-10 作者在冬宫(2009年) 107
3-11 冬宫－拉斐尔敞廊 108
3-12 冬宫－圣乔治厅 109
3-13 圣乔治厅的地面装饰 109
3-14 徽章厅的吊灯 110
3-15 冬宫－军事走廊 110
3-16 冬宫－司内理得尔厅 110
3-17 冬宫－珠宝长廊 111
3-18 达·芬奇《圣母子》 112
3-19 弗朗西斯科·梅尔兹《女性肖像》 113
3-20 提香《达那厄》 114

3-21 提香《忏悔的玛丽亚》115
3-22 乔尔乔内《朱提斯》116
3-23 伦勃朗《花神》117
3-24 伦勃朗《达那厄》(局部) 118
3-25 伦勃朗《戴耳环的姑娘》119
3-26 凡·代克《自画像》119
3-27 委拉斯贵支《早餐》120
3-28 夏尔丹《午餐前的祷告》120
3-29 弗拉戈纳尔《偷吻》121
3-30 雷诺阿《持扇的女人》122
3-31 雷诺阿《女演员琼娜·圣玛莉》123
3-32 莫奈《圣阿德雷斯庭院的女士》124
3-33 毕沙罗《巴黎蒙马特林荫道》125
3-34 西涅克《马赛港口》125
3-35 梵高《紫丁香的灌木丛》126
3-36 梵高《茅舍》126
3-37 高更《拿水果的女人》127
3-38 高更《塔希提的田园诗》128
3-39 塞尚《圣维多利亚山》128
3-40 马蒂斯《舞蹈》129
3-41 马蒂斯《全家福》129
3-42 康定斯基《田园风景》130
3-43 凡·东根《红衣舞娘》130
3-44 毕加索《喝苦艾酒的女人》130
3-45 毕加索《女人像》131
3-46 雕塑展厅一角 132
3-47 塔夫利达的维纳斯 133
3-48 塔夫利达的维纳斯（局部）133
3-49 宙斯像 133
3-50 法尔科内《丘比特》134
3-51 乌东《伏尔泰像》135
3-52 卡诺瓦《丘比特与普赛克》136
3-53 卡诺瓦《三美神》136
3-54 莫高窟第263窟供养人像 北宋 137
3-55 莫高窟第263窟菩萨（局部）北魏 138
3-56 敦煌壁画睒子本生（局部）隋 139
3-57 敦煌壁画残片 唐 140
3-58 敦煌菩萨头像 唐 140
3-59 唐卡《十一面观音曼荼罗》西夏 141
3-60 绢画《水月观音》西夏 142
3-61 唐卡《接引佛》西夏 142
3-62 彩塑《双头佛像》西夏 142
3-63 吐鲁番柏孜克里克石窟壁画文殊出行图
　　 10世纪 143

四、大都会艺术博物馆

4-1 纽约曼哈顿远眺 146
4-2 纽约的中央公园一角 147
4-3 纽约时代广场 147
4-4 大都会艺术博物馆外景 147
4-5 大都会艺术博物馆的入口大厅 148
4-6 大都会艺术博物馆内景 149
4-7 作者在大都会艺术博物馆绘画
　　 展厅（2010年）149
4-8 中国艺术展馆一角 150
4-9 药师佛十二神将之一 元 151
4-10 龙门石窟雕刻 皇帝礼佛图 北魏 152
4-11 北齐石棺床 153
4-12 金铜弥勒佛像 北魏（公元524年）153
4-13 金铜佛像 北魏 154
4-14 房屋模型 东汉 155
4-15 玩"六博"的人物 东汉 155
4-16 中国式园林 156
4-17 韩幹《照夜白》唐 157
4-18 传郭熙《树色平远图》158
4-19 李唐《晋文公复国图》（局部）158
4-20 绿釉陶瓶 北齐 159
4-21 双凤图案的茶碗 南宋 159
4-22 梅瓶 清 159
4-23 犍陀罗佛像 1世纪-2世纪 160

4-24 犍陀罗菩萨像 2世纪 161
4-25 马图拉佛像 5世纪 161
4-26 纳加尔朱纳康达浮雕 3世纪 162
4-27 舞蹈的湿婆 11世纪 163
4-28 舞女 12世纪 164
4-29 雅修达与克里希纳 14世纪 164
4-30 印度耆那教神庙穹顶（16世纪）165
4-31 耆那教神庙建筑（仿制）165
4-32 古埃及木乃伊与棺椁 166
4-33 持祭品的妇女 前20世纪 167
4-34 丹铎神殿 前15年 168
4-35 丹铎神殿内壁浮雕 前15年 168
4-36 谷岱亚坐像 前2100年 169
4-37 在亚述雕刻前参观的学生们 170
4-38 波斯狩猎纹银盘 5世纪 170
4-39 银制水瓶 6世纪 171
4-40 波斯王像 4世纪 171
4-41 粟特壁画 3世纪 171
4-42 古罗马石棺雕刻 260年-275年 172
4-43 古希腊雕塑过厅，中央是《受伤的战士》 前440年-前430年 173
4-44 库洛斯雕像 前590年-前580年 173
4-45 古希腊彩陶瓶 前750年-前735年 174
4-46 古希腊彩陶瓶 前5世纪 174
4-47 波斯科利尔壁画 前50年-前40年 175
4-48 弹基萨拉的女人 前50年-前40年 175
4-49 提香《维纳斯与阿多尼斯》177
4-50 鲁本斯《维纳斯与阿多尼斯》177
4-51 布歇《化妆的维纳斯》178
4-52 格列柯《特莱德风景》179
4-53 格列柯《传道者圣约翰的幻视》179
4-54 伦勃朗《自画像》180

4-55 劳伦斯《达比伯爵夫人》180
4-56 戈雅《露台上的玛哈》181
4-57 欧洲19世纪艺术展厅一侧 182
4-58 达维特《苏格拉底之死》183
4-59 安格尔《布洛伊公爵夫人》184
4-60 柯罗《西比勒》185
4-61 库尔贝《乡村的女人们》185
4-62 杜米埃《三等车厢》186
4-63 马奈《在游船上》186
4-64 莫奈《睡莲》187
4-65 梵高《柏树》188
4-66 雷诺阿《乔治·夏邦杰夫人和她的孩子们》189
4-67 雷诺阿《乔治·夏邦杰夫人和她的孩子们》（局部）189
4-68 德加《舞女》189
4-69 高更《伊阿·奥拉纳·玛丽亚》190
4-70 梵高《杰努夫人像》190
4-71 塞尚《玩桥牌的人们》191
4-72 毕加索《格特鲁德·斯坦因像》192
4-73 毕加索《在狡兔酒吧》193
4-74 马蒂斯《旱金莲与〈舞〉》194
4-75 克里姆特《玛达·普利马弗斯》194
4-76 阿尔伯特·比斯塔特《落基山脉·兰德峰》195
4-77 弗雷德里克·埃德温·丘奇《安第斯山谷》196
4-78 萨金特《X夫人》197

图书在版编目（CIP）数据

文明的穿越：世界四大博物馆巡礼 / 赵声良著. —2版. —北京：中国青年出版社，2022.10

ISBN 978-7-5153-6763-7

Ⅰ.①文⋯ Ⅱ.①赵⋯ Ⅲ.①博物馆–介绍–世界 Ⅳ.①G269.1

中国版本图书馆CIP数据核字（2022）第162956号

文明的穿越：世界四大博物馆巡礼

作　　者：赵声良
责任编辑：陆遥
书籍设计：白凤鹍
出版发行：中国青年出版社
社　　址：北京市东城区东四十二条21号
网　　址：www.cyp.com.cn
编辑中心：010-57350403
营销中心：010-57350370
经　　销：新华书店
印　　刷：北京富诚彩色印刷有限公司
规　　格：710×1000mm　1/16
印　　张：13.25
字　　数：70千字
版　　次：2022年11月北京第2版
印　　次：2022年11月北京第1次印刷
定　　价：78.00元

本图书如有印装质量问题，请凭购书发票与质检部联系调换。联系电话：010-57350337